郝晓东——著

The future teachers

中原出版传媒集团
中原传媒股份公司

大象出版社
·郑州·

图书在版编目(CIP)数据

未来教师／郝晓东著. — 郑州：大象出版社，
2022.2（2023.2重印）
ISBN 978-7-5711-1268-4

Ⅰ.①未… Ⅱ.①郝… Ⅲ.①中小学-师资培养-研究 Ⅳ.①G635.12

中国版本图书馆 CIP 数据核字（2021）第 261768 号

未来教师
WEILAI JIAOSHI

郝晓东　著

出 版 人	汪林中
责任编辑	梁金蓝
责任校对	安德华
装帧设计	王　敏

出版发行	大象出版社（郑州市郑东新区祥盛街 27 号　邮政编码 450016）
	发行科　0371-63863551　总编室　0371-65597936
网　　址	www.daxiang.cn
印　　刷	新乡市豫北印务有限公司
经　　销	各地新华书店经销
开　　本	720 mm×1020 mm　1/16
印　　张	13
字　　数	186 千字
版　　次	2022 年 2 月第 1 版　2023 年 2 月第 5 次印刷
定　　价	42.00 元

若发现印、装质量问题，影响阅读，请与承印厂联系调换。
印厂地址　新乡县经济开发区富兴路东段
邮政编码　453000　　　　　电话　0373-5635065

新网师的使命（代序）

近二十年来，我多次声明不再给人写序，但今天这篇序必须写，因为作者是新教育实验网络师范学院（简称"新网师"）的执行院长郝晓东。作为新网师的院长，我写这篇文字与其说是为作者而写，不如说是为新网师而作。我义不容辞。

近些年，新教育实验涌现出好些青年才俊，郝晓东算是其中的佼佼者。其实我和晓东认识的时间并不长，不过在第一次见他之前，晓东的若干事迹我已有所闻。比如，晓东是山西忻州师范学院的教师，他曾指导六千多名大学生和中小学一线教师深度阅读教育经典；他发起成立了忻州"常春藤读书会"，并被《中国教育报》评为"2017年度推动读书十大人物"。更重要的是，郝晓东是从新网师成长出来的"一线明星"，他从一名普通的学员一路跋涉，朝向卓越，最终脱颖而出，成长为一名优秀的讲师。

正是基于此，朱永新老师郑重地把新网师执行院长这个重任交到了晓东手里。记得那天晚上，晓东在我、陈东强、王兮等人的新网师内部会议上郑重其事地表态："我准备每周写一篇'新网师一周观察'，用这样切切实实的行动引领老师们走向'啃读'。"他的语言波澜不惊，算不上掷地有声，所以我并没有太过在意。没有想到，一年过去，便真的有了这样厚厚的呈现。这也算是晓东发愿促成此书的动机以及呈现给我们的答卷吧。

这本书记录了新网师的点滴变化。其实准确地说，它更像是一面光洁锃亮的镜子，折射出郝晓东近些年教育思想睿智的光芒。

正如晓东自己谈到的，新网师给了他成长的精神家园。他膜拜过很多教育明星，但基本是在观赏别人的精彩，"热闹是他们的，我什么也没有"；学习过许多漂亮的时髦词语，但这些词语仿佛是落在油纸伞上的雨滴，来得快滑落得更快；阅读过许多书籍、杂志，但走马观花，没有一本真正锲入生命，提升专业素养。正是新网师的学习历程，引领他深入哲学，打破了职业的困倦和专业的无力感。他说，新网师的高度、深度和专业度在国内基础教育一线可谓凤毛麟角。正是在新网师"摸爬滚打"的几年成就了晓东，也成就了很多像晓东一样在沙漠中跋涉，渴望甘泉和绿洲的一线教师。

此书开篇旗帜鲜明地提出了阅读的重要性。的确，阅读的重要性无论怎样强调都不过分，尤其对教师而言。"阅读"也是我反复提到的关于教师职业成长、精神成长的关键词之一。阅读的目的、阅读的方式、阅读的作用以及读书会的有效运行，晓东从认知模式、心理机制、读书策略等一一阐明，不仅探寻本源，拷问当下教师普遍存在的学习动力源不足的诸多现象，还聚焦于当下信息泛滥时代的深度阅读问题。应该说，这些在晓东的文字里都能一一觅得答案。

晓东之所以保持这种锐意进取的精神与他的认知结构息息相关。本书的第二章、第四章，你可以看成一位教师的个人成长史。一次次对懈怠懒惰的叩问，一次次对平凡日子中闲适庸常的批判鞭答，一次次对思维深处认知模式的深度思索，一次次用追马的时间来"种草"（写作）……这些时光最终都交付给了岁月，成就了现在的晓东。新教育讲求知识与生命的共鸣，很多老师也知晓读书的好处，但晓东的睿智在于他不断地与知识对话、与他者对话、与自我对话，不断地思索如何把知识转化为智慧，把书本上的知识与实践结合，有效提升自己的专业能力和知识结构。你在这些只言片语中会发现，知识不再是一种静态的堆积，而是动态的抵达。这些都明晰了教师成长的真正内涵和实现路径，提供了青年教师成长的范式。

不了解新教育的人往往不理解新教育人，他们觉得新教育人"太理想化"，甚至是"不切实际"的"疯子"。从某种意义上说，晓东也是这样的"疯子"。没有一分一厘的经费，化缘式地为新网师筹资，即便举步维艰，依然保持新网师的高品质。新网师的第一任院长是朱永新老师，以后又换了几任院长。从十年前诞生之日起，新网师就在探索中奋进，有时候甚至是在艰难中成长，但一路走来，终于成就了一大批一线老师的幸福与优秀。晓东担任执行院长一年来，具体的新网师运作和操作是他在负责，我见证了晓东主持新网师后的变化与生长。正如晓东所说，如果爱，就真爱。它需要你全身心投入，为之朝朝暮暮，为之魂牵梦绕，为之喜，为之伤，为之痛。很多愿意成长的一线教师因为晓东等人的无私付出，拥有了教师成长深度对话的学习场域，有了对教育真谛的向往和追求，也体会到了深耕后的成就和职业幸福。

因此，从这个意义上来讲，这本书正是晓东对"教育"的纯粹理解，他对朱永新老师的承诺——为愿意成长的教师坚守住一片净土，一个精神家园。而"己立立人，己达达人"，正是新网师的追求。

这是晓东给自己的期许，也是新网师对一线教师的使命。

李镇西

目 录

第一章 读写击溃虚无

一、教师专业学习的动力源于什么？ … 3
二、有一种阅读叫"啃读" … 9
三、信息泛滥时代的深度学习 … 13
四、重新理解阅读 … 18
五、让打卡成为一种生活方式 … 21
六、对高水平学习者的尊重 … 27
七、用追马的时间来种草 … 32
八、用文字雕刻生命 … 39
九、对生命年轮的复盘与检视 … 44

第二章 创造突破局限

一、在内心燃烧自己 … 49
二、正是橙黄橘绿时 … 56
三、涌现 … 61
四、我在这里 … 67
五、让每一个日子都清澈而饱满 … 73
六、唯有创造不负此生 … 76

七、做一只犟龟吧 …………………………………………… 80
　　八、不善于学习是坏习惯 …………………………………… 84
　　九、做点"无用"的事 ……………………………………… 89
　　十、今宵辞旧岁，明日岁华新 ……………………………… 92

第三章　精进守护初心
　　一、新网师的精神"肤色" ………………………………… 99
　　二、又是招生季 …………………………………………… 105
　　三、新学期的四点提醒 …………………………………… 110
　　四、回归源头，像孔子一样当老师 ……………………… 115
　　五、何以成为"我们"？ ………………………………… 118
　　六、为什么不强求讲师批阅作业？ ……………………… 122
　　七、新网师中的"马太效应" …………………………… 127
　　八、失去勇猛精进，留下也无意义 ……………………… 132
　　九、期末了，我想对你说 ………………………………… 139
　　十、守护最初的纯真愿望 ………………………………… 145

第四章　求知彰显生命
　　一、学校是道场，工作即修行 …………………………… 157
　　二、重新学习热爱 ………………………………………… 163
　　三、一个人的开始 ………………………………………… 168
　　四、向下扎根，野蛮生长 ………………………………… 174
　　五、感动之后，能留下什么？ …………………………… 181
　　六、叙事的意义 …………………………………………… 187
　　七、有种相遇叫久别重逢 ………………………………… 191

后　记 ………………………………………………………………… 196

第一章　读写击溃虚无

新教育实验认为：专业阅读，是站在大师的肩膀上前行；专业写作，是站在自己的肩膀上攀升。专业阅读能积累教育思想，升华教育情感，完善认知结构；专业写作能提升思维的准确度和精确度，促进教育反思，提升教育实践水平，激活存在感。

一、教师专业学习的动力源于什么？

早晨醒来，读到两位新网师学员写的打卡文字。一则是智静老师写的：

此时，夜静悄悄的。从小女儿的卧室里传来了一阵阵流行音乐声，她正将自己关在屋里奋笔写着作业。

听着窗外传来的或远或近的汽笛声，望着西南方那深深的夜色，我的心里有些惆怅。因为，此刻，在那间温馨的书室里，正有一群人在热烈地探讨着思维的问题……而已经坚持了将近三个月的我，却只能望着远处连灯火也没有的地方畅想——原本，我想去，很想去。那样一种安静的读书氛围，那样一双双折射着睿智的思考之光的眼睛，那样专注的聆听，不时让思维的火花迸射光点的深刻思想，就像这暗夜里的星辰，总是让我一次次连做梦都在兴奋。我恋着那个温暖的地方，就像今夜的星辰恋着夜空……

夜色渐深，我再一次将目光投向那个暗沉沉的方向。21：56，读书会接近尾声了。亲爱的书友们，今晚，你们又收获了多少呢？

一则是冯利娜老师写的：

这几天孩子生病，学校有很多活动，我忙得焦头烂额，还要上小胡杨双师课堂的晨诵课。但每天想到一天都没有看书,就觉得特别有负罪感。昨晚的课,结束时都快十点了。那个点,郝晓东老师竟然还没吃饭。其实大家都很忙碌,但如何在忙碌中给自己的心灵找一片净土,才是最重要的。昨天晚上特别充实,好多不能贯穿的理论问题,都得到了解决,学习就是要学以致用。在忙碌的人生旅途中,和一群志同道合的朋友,一起碰撞心灵的火花,平凡的生活也有了一抹亮色!

一位表达因为陪女儿而无法参加共读的遗憾,一位谈各种忙碌中坚持学习的收获。作为母亲,在自我学习与陪周末回家的孩子的选择中,我认为陪孩子更重要。当然,这不是我这篇文章要说的重点,引起我思考的是:两位老师为什么对这种不是学校组织、没有奖赏报酬的学习会有如此强烈的渴求与欣喜?

之所以有这样的思考,是因为我最近有一个新的感触:同样的主讲人、同样的学习内容、同样的学习方式,学习者的感受却差别很大。

有的老师,哪怕自己掏钱学习,也很积极;而有的老师,哪怕是学校付费,也很消极。

我业余时间除了组织公益的"常春藤读书会"以及在新网师授课,还会应邀到一些中小学作教师专业发展的报告或讲座。同样的内容,在不同的场所,听众会有很大的差异。在新网师授课,每次都能从打卡文字中感受到老师们收获的兴奋与喜悦;在"常春藤"共读,每次都能从现场感受到老师们沉浸学习的专注与思考;而从应邀在学校的讲座和报告中,却感受到部分老师神情上的敷衍和眼神中的淡漠。

当然,萝卜青菜各有所爱,人的处境、喜好等不同,需求也不同,有差别也是正常的。只不过,我一直在思考:教师专业学习的动力是什么?

莫非是新网师或者"常春藤读书会"的老师没有家务、工作不忙、年龄还小,或者都是需要提高的普通教师?也不是这样啊。他们与大多数老师一样,也面临着工作烦琐与家务繁忙;他们当中既有在校大学生、刚入职的新教师、中年教师,甚至还有即将退休的教师；他们当中也有许多是通常意义上的成功者，有特级教师、校长、教育局官员，甚至还有县处级领导……

那天晚上在"常春藤读书会"共读杜威的《我们如何思维》，丽婵最后问了一个问题：杜威的反省思维与我们日常的反思有什么本质的不同？这是一个很重要的问题。大多数人的日常反省是在自己固定的认知模式、深层信念之中的反省，而杜威强调的反省却是对认知模式的反省，或者说，是对自我的"思维假定"、元认知、潜意识、深层信念、人格的反省，是对支配我们观点背后观念的反省。如果有一定的心理学常识，这段话就比较容易理解。如果没有可能就会误解，或者不解。

举个例子，自我中心思维就是一种认知模式、根本信念，大多数人在与别人交流时习以为常的思维是："这是真的，因为我相信它；它是对的，因为它符合我的利益。"

常人很少思考：我相信的就一定是真的吗？符合我的利益就一定是对的吗？如果能这样思考，就是对自我中心这个认知模式、根本信念的突破。

从这个角度分析，同样的讲座内容有不同的反响，也与听众思维深处不同的认知模式有关系。

（一）

周四，我在一个学校的班主任读书会上与老师们共读王晓春老师的《做一个专业的班主任》一书。

学习前，我抛出了一个问题："作为班主任，完成学校下达的任务，能管得住学生，教出好的成绩就可以了，为什么还要抽出时间来学习呢？"老师们纷纷回答，发言中都有一个共同认识：自我的学习提升是为了更好地培养学生。

周五晚上，在新网师上课时，我又把这个问题抛出来，老师们踊跃回答，基本上也有一个共同认识：学习是为了自己，让自己更优秀，让自己成长。

很有意思，同样的问题，答案竟迥然不同。

比较了这两组回答，我终于明白为什么学校读书会上的老师消极，而新网师、"常春藤读书会"的老师积极。

专业学习如果无法与自我内在的需求真正统一起来，如果没有成为个体自觉的追求，那么，就很难长期沉浸其中，也很难有大的收获。

为了培养学生，我要提高学习——从师德角度来讲是好老师，但这样的认知模式很难使自己全身心、坚定地投入学习之中，因为在这样的认知模式下会衍生出许多不利于学习的认识：

我为什么要为学生牺牲休息时间，我还有孩子、自己的生活、家务等。

对学生我能交代就可以了，为什么还要额外再学习？

教得再好，工资也不会增加，我为什么还要学习呢？

我已经评上了职称，为什么还要学习？

而把学习与自我需求联系起来，就不一样了——

学习不是为了他人，不是为了完成学校的任务，不是为了向他人炫耀，不是为了职称、资格证，而是为了自己，为了让自己更优秀，让人生更幸福。在这样的认识上，学习也就不计较是不是工作时间，是不是节假日，是不是在办公室。学习就成了一种内在自觉的追求，甚至成为一种自然而然的生活方式。

有的朋友乍看可能会认为，学习是"为自己"，这样的老师是不是有点自私？没有前一种"为学生"的老师高尚啊！不是这样的，这还是没有从根源处理解"为自己"与"为学生"的内在关系。我们认为，一个老师"为自己"与"为学生"是统一的，是一体的：没有老师的成功与成长，就很难有学生的成功与成长；反之，没有学生的成功与成长，怎么证明老师的成功与成长？

这就是儒家说的：己立立人，己达达人。

由此，我深深感叹环境对人的深刻塑造。屁股决定脑袋，本来很有价值的学习内容，但因为是学校布置的，是学校组织的，许多老师就很容易陷入惯常的认知模式中：

不去吧，是学校要求的；去吧，又不情愿，所以以一种看客的心态不情愿地参加。

备课、上课、批改作业等，日常工作够忙了，谁还能顾上学习？正事还做不完呢。

讲座一般都是些正确而很难实际运用的理论，不接地气，听了也没用。

学习那些有什么用？如果中高考不变，其他都是瞎忙活。

有的老师不读书也能教出高分数，考出好成绩；有的老师读的书多，连班也带不好，读书没用。

我为什么要学这些，这些东西对我没用。

讲的那些东西，我都知道。

如此等等，总而言之，误认为学习是用处不大的。

（二）

认知模式是一个人思考、行为的发动机，是观察、认知世界的眼镜。人与人的不同根本上是思维深处认知模式的差异。认知模式不变，自我的认识和行为就很难改变。教师专业发展，除了必要的技术，更重要的是要改变认知模式，否则，自身很难有大的突破。

基于这样的认识，在班主任读书会上，我没有一开始就解读文本内容，而是与老师们就一些教育与学习的观点达成几点共识：

学习，最终是为了自我的幸福，为学生与为自己是统一的。

学校没有培训教师的责任与义务，学习是自己的事，不是完成学校的任务。

教育，不仅仅是为了考试分数，而且应该是为了人的全面发展（身体、人格、智力等）；人的全面发展，理应包含应试能力；把教育仅停留在考试分数层面，是导致教师职业倦怠的主要原因之一。

不抱怨，不埋怨，强大自我是解决一切问题的现实之道。

我们以为自己懂，自己会，做不好是不具备客观条件；而真相是，我们远远不理解，不会做。

只有达成这样的共识，共读才能深入下去。也只有同处新网师、"常春藤读书会"的我们有这样的共识，你我才能一路同行，携手并进。只因有这样的共识，在休息时间也学习的你，在忙碌中也挤出时间读书的你，在被他人不理解的情况下还坚持的你，在忙碌中依然不忘打卡的你，才像一只犟龟一样温和而坚定地走在通往星辰大海的路上，才执着地选择了一条"少有人走的路"。

二、有一种阅读叫"啃读"

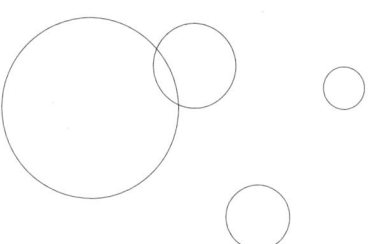

晋北的季节逐渐进入深秋，行道树枝头的黄叶开始飘零，经霜的爬山虎一片赤红，校园里摆放的准备迎接客人的五颜六色的花朵，每天晚上都需要被遮盖住，才能躲避寒气的侵蚀。

连续几个早晨都是大雾弥漫，偶尔一阵秋雨，更是增加阴冷之感。白天和夜晚的温差很大，白天还可以穿单衣，而早晚穿上秋衣秋裤都觉得寒气袭人。

上班路上想新网师整体系统运转之事。今天确定了四件事：

一是与郭良锁老师联系，准备招募学员写"课堂综述"，以便记录课堂、保留档案、宣传课程，也方便其他学员彼此了解。当然，对记录者而言，更是难得的学习机会。

二是与微信平台编辑繁星老师联系，就新网师栏目名称进行沟通，加大对新网师各方面的记录和宣传力度。

三是与郭建珍老师联系，确定她为明年"儿童的人格教育"课程讲师。郭老师是一位优秀老师，已经两次选修之前由我讲的这门课程，对课程有比较深刻的理解。我对郭老师说："挑战自己；教，是更好的学。"从学员中发掘、培养讲师是新网师一个重要方向，这有利于凝聚、积淀新网师的文化，也有利于促进学员的更快成长。

四是确定徐明旭老师为新网师晨诵课程的主持人，徐老师将带领一个团队开发新网师晨诵课程，我们瞄着以后结集出版的方向，力求成为新网师的一个精品。

说完日常琐事，谈谈学习吧！

这几天学员的打卡文字中，常常提到"啃读"一词，如以下几则：

>俗话说熟能生巧，现在看来这个熟不仅仅指的是技能，就连读书也有熟能生巧的时候，可以反复地看某一句难理解的话，也可以联系前文想想句与句之间的联系。这次参加了"儿童的人格教育"这门课程，到目前为止最大的收获就是啃读，把平时觉得无趣的理论书籍读出趣味来，结合教学生活，真是有趣的事情。另外，从书中学到多少知识并不重要，跟着老师的指引改变以往的思维方式才是真正有意义的。（网名为"穿越"的老师）

>自从加入每天的打卡笔记以来，晚上例行的广场舞锻炼也取消了，白天时间是忙工作忙家务，周日还要忙孩子。只有晚上有时间可以看看书。有人不理解，问：再有几年就退休了，还学习干啥？

>学习不为别的，只是想让自己多增长点知识。今晚时间充足，两章看完了，但心里还是没底，这可能与自己的理解能力有关，渐渐明白，学习是一个慢慢积累的过程，不可急于求成。所以焦虑也无用，摆正心态，一步一个脚印，今天不行，明天继续啃读和思考。（吴颖霞）

什么是啃读？

顾名思义，就是一点一点像啃硬馒头一样反复地啃。对于一些特别有价值但又超出自我认知水平的书，就需要放慢阅读速度，反复阅读思考。

啃读往往有几个层次：

第一层次，用不同颜色的笔勾画出重点概念或关键句子、段落。

第二层次，在书页的页眉、页脚等空白处写下阅读心得、疑惑、随想等，用简短的话概括出段或章的中心思想，这就是批注。

第三层次，读完一章后，不断提炼文章的核心观点以及内在的思路和逻辑结构，画出思维导图来，将文本内容结构化。

第四层次，针对文本的核心概念或关键内容，或者向他人咨询、讨论、交流；或者查阅其他资料，展开主题性、研究性阅读。

第五层次，阅读文章后，能写一篇内容综述，或者阅读心得。

从对话论的角度看，啃读的过程完成了三重对话：

第一重，通过勾画、批注、画思维导图等方式完成"人与知识"的对话，即个体与文本的对话。

第二重，通过与他人交流、研究性阅读，实现"人与他人"的对话。

第三重，通过批注、写作完成"人与自我"的对话，也就是通过对文本的阅读，促进个体的自我反思，在反思中促进个体生命智慧的生长。

啃读类似于精读但又有差异。精读是相对于泛读而言，贵在精细深入，要求"字求其训，句索其旨。未得乎前，则不敢求乎后；未通乎此，则不敢志乎彼"。啃读除了包含这一含义，也包含泛读、快读，不管读得快还是慢，只要能领会要旨，就是啃读。正如邓拓所言："不要固执一点，咬文嚼字，而要前后贯通，了解大意。"

为什么要提倡啃读的方法呢？

因为我们日常阅读报纸、杂志、微信、网页等，往往是泛泛浏览。阅读的文章可能不少，但真正内化的不多，久而久之，还养成了一种轻率阅读的习惯，这样读书，除了能了解一些信息以供消遣，对提升理解力、增进智慧并没有多少真正的价值。用这种轻率的习惯阅读有价值的经典书，犹如用一把钝刀砍骨头，效果当然不好。朱光潜先生曾说："现在书籍易得，一个青年学者就可夸口曾过目万卷，'过目'的虽多，'留心'的却少。譬如饮食，不消化的东西积得愈多，愈易酿成肠胃病，许多浮浅虚骄的习气都由耳食肤受所养成。"

更深层次的原因是，啃读的方法可以培养学员的阅读力或学习力。

如果从省时省事的角度考虑，灌输式讲座是最简单的，但这种单向式的教学方法效果很差。

一是只能提供给学员信息，而很难真正改变听课者的思维，很难转化为能力；

二是培养了学员的依赖性，离开讲师的讲解就看不懂；

三是培养了一种错误的认识，以为听了就懂、看了就会，其实不然。

我之所以反对市场上盛行的许多网络课程，就是因为大部分商业培训是单项灌输，缺乏真正的交流与深度的探讨，是在迎合你而不是发展你。你可能听得过瘾，甚至感觉脑洞大开，但听完后真正的改变和提升有多少呢？目前，新网师还无法全部脱离单向的讲座式授课，但我们知道方向在哪儿。

啃读的方法有什么益处呢？

啃读是一种持久深入的探究。在这种探究中，一方面抵达了世界的深处，另一方面提升了自我人格的深刻性。正如朱光潜先生所言："我国古代学者因书籍难得，皓首穷年才能治一经，书虽读得少，读一部却就是一部，口诵心惟，咀嚼得烂熟，透入身心，变成一种精神的原动力，一生受用不尽。""少读如果彻底，必能养成深思熟虑的习惯，涵泳优游，以至于变化气质。"

一个月前，新网师举行了朴素、真诚而隆重的开学典礼，激发了许多老师的热情和动力，这是新网师的盛大时刻。庆典是一次号角，是一次聚会，是一次动员，在岁月里静静地潜滋暗长才是我们的常态，也正是因为日有所增，日有所新，庆典才有厚重的意义。

希望能将这种热情转化为漫长岁月中可能寂寞而枯燥的学习。

屋外，天气转凉，就要进入冬季了。新网师也要带着大家进入冬眠期，蛰伏于漫长的寒冷岁月，静静地啃读、聆听、吸收、行动，我们期待下一个春暖花开的季节。

三、信息泛滥时代的深度学习

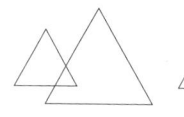
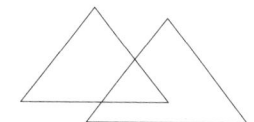

黄土高原的晋北已经是枝枯叶黄，荒野萧索，局部山区甚至雪花飘飘，而成都平原依然绿意盎然，鲜花怒放，大街上的姑娘甚至还穿着短裙。

刚刚过去的一周，我为参加中国陶行知研究会农村专业委员会一年一度的年会，乘高铁一路向南，从晋北的忻定原盆地一路南下进入晋南盆地，跨过黄河，进入关中平原，向西南穿越秦岭隧道，穿过汉中平原，抵达"天府之国"成都平原"窗含西岭千秋雪"的大邑县。其间，在运城国际学校停留，旁听了学校共读维果茨基的《思维与语言》，聆听了教师"微演讲"。

（一）

实事求是地说，几天来所思所闻中令自己耳目一新的新思想、新内容并不是很多，但依然有触动，有收获。何以如此？这与大脑的认知机制有关系。这次学习中，肖川老师讲推敲词语的重要性与生命教育，罗崇敏教授讲"三生教育"，这些内容我虽熟知，但黑格尔说"熟知不等于真知"。对一个概念、理论的掌握要经历一个"浪漫—精确—综合"三阶段螺旋循环上升的过程。浪漫阶段，初次接触，充满兴奋与好奇，引发思考；精确阶段，深入思考，领会内涵；综合阶段，概念或理论已经完全纳入自我认知结构中，成为分析、解决问题的一种本能。

比如说，肖川老师讲"语言的背后是思想和情怀"，"锤炼语言就是锤炼思想"，"表达精准的背后是思维的细腻"，"精神世界的开拓同时就是语言世界的延伸，语言世界的扩展同时就是精神世界的充实"。初知这些观点怦然心动，感觉非常新鲜，引发思考——这是浪漫阶段。

概念和理论不是一次性就能领悟、掌握的，需要在不同的语境中一次次激活、唤醒，从而才能真正入脑、入心。此次现场聆听肖川老师的报告，他妙语连珠，思维缜密，用优美的语言、精确的数据、严密的逻辑阐述了家庭经济条件与孩子词汇量的关联性，讲述推敲词语对于思维的影响等，重新激活、唤醒、强化了我大脑中已有的认知，产生恍然大悟之感——这属于精确阶段。

今天晚上，我在写这篇文章时，字斟句酌，不断推敲词语，选择表达方式，完成文章——这是综合阶段。

由此，完成了一个"浪漫—精确—综合"三阶段循环，如此不断阶梯式循环，直到能自由运用词语精细入微、恰如其分地表情达意时，能灵活地选择表达方式、逻辑严密地论证观点时，方可以说"熟知"成了"真知"。

（二）

今天，在成都见到了新网师张海英老师，张老师谈到了在新网师学习中书写、打卡、完成作业的难度。其实，张老师遇到的困难，也是新网师学员共性的现象，如何认识学习中的这种困难，决定着自己会有多大的收获与成长。

新网师区别于其他培训学习的独特之处是什么？新网师的真正价值是什么？某种程度上说，就是这种难度。公园散步历练不出登山者的体魄，平静的湖面训练不出搏击风暴的水手。我们认为，真正的学习是个体在突破舒适区，不断克服困难、挑战自我的过程中完成的，我们把这种有难度的学习称为深度学习。今天的知识浩如烟海，在终身学习的时代，授之以鱼不如授之以渔，所以，新网师注重传递知识，但更重视帮助、引导学员掌握深度学习的习惯和方法。

什么是深度学习？

1946年，美国学者埃德加·戴尔（Edgar Dale）提出了"学习金字塔"（Cone of Learning）的理论，之后美国缅因州国家训练实验室也做了相同的实验，并发布了"学习金字塔"报告。

报告称：人的学习分为"被动学习"和"主动学习"两个层次。

学习金字塔　　资料来源：美国缅因州国家训练实验室（National Training Laboratories）

被动学习：如听讲、阅读、视听、演示，学习内容的平均留存率分别为5%、10%、20%、30%。

主动学习：如通过讨论、实践、教授给他人，能将原来被动学习的内容留存率从5%分别提升到50%、75%和90%。

这个模型很好地展示了不同学习深度和层次之间的对比，展示了不同的学习方式产生的效果。

大家反观自身会发现，我们惯常的是被动学习：听别人讲，独自阅读，做摘抄笔记，哪怕是对许多老师来说有些困难的画思维导图，也属于被动学习。被动学习都是浅学习。

熟知不等于真知，知道不等于做到。很多时候，你好像明白某个知识，但一旦接触实际，却发现不知道如何运用；即使是了然于胸，心领神会，向他人表达时，也往往语无伦次，表达不清楚；哪怕是觉得能表达清楚，而一开始书写，根本下不了笔。

当你不会实践运用、表达不清晰、写不出来时，才是深度学习的开始。深度学习，能让你经历深度体验，深度专注，产生深度表达，进而不断蜕掉"旧我"，迎来新生。

大家看下面这张图，其中的被动学习属于浅学习，主动学习中"自己读书+思维导图+读书笔记"也属于浅学习。理解了这点，也就能理解为什么我们学习了那么多，依然没有多少提升。

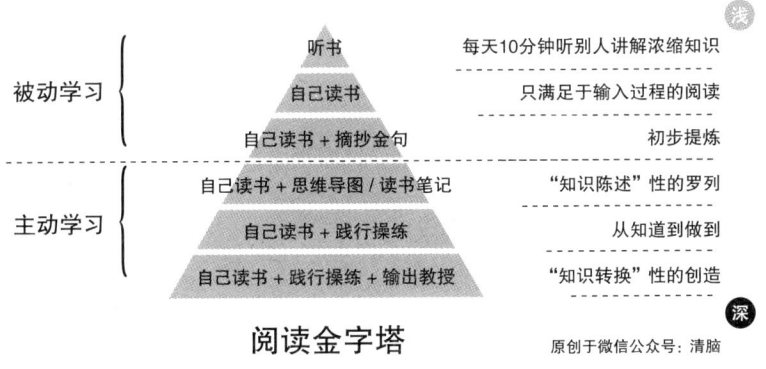

阅读金字塔

昨天我在朋友圈发了一段话：要警惕一种假学习、浅学习：学得越多，越焦虑；懂得越多，越浮躁；学了那么多理论，破解不了现实问题，知道了那么多道理，依然过不好当下。最终成了"农夫山泉"：我们不生产知识，只做知识的搬运工。为什么会有这种结果？就是因为缺乏深度学习。

（三）

深度学习如何做？从上面的图中可以看出：一是自己读书+践行操练；二是自己读书+践行操练+输出教授。所谓输出教授，就是输出成果，通过言说或者书写去教别人。为什么我们鼓励学员当讲师？本质的原因就是提供机会和平台，让学员开启最有效率的学习方式：教。

基于如此认识，新网师提倡的课程作业不是简单归纳中心思想，查找书中关键词，不是就文本谈文本，而是指向了深度学习：随时打卡记录阅读体会，批注原文，画思维导图，用书中的观点剖析、解决现实中的问题。在经历数年的深度学习后，你终究会领会在严格的学习修行中，你的毅力、人格会发生本质性的变化，这也是新网师对学员的深度关切。

明白了深度学习，就能理解你当下在新网师学习困难的根本原因以及重要价值。为什么我们倡导老师们一学期只选择一门课？也是因为如果选得多，就容易学得浅。

有的老师可能认为：深度学习的确重要，但自己基础薄弱，太难了。借用刚才在一篇文章中看到的一段话，表达我的看法：

> 可能每个人的智商会有所不同，可能每个人会在不同的专业领域发展，但是取得成就的根本不是我们的智商，也不是我们的专业选择。成就所需要的前提条件是，我们愿意为成就付出极大的努力，通过我们的意志，通过我们的吃苦耐劳，转化为奋发向上的激情，并为之勇猛地奋斗。

四、重新理解阅读

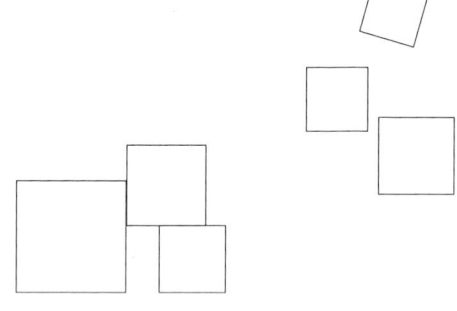

前几天,我参加一个班主任能力提升研讨会,一线教学的班主任们提出了许多困惑:怎样控制学生使用手机?如何对待早恋?……其中一个班主任说:"不要谈抽象的理论,多谈可操作的方法。"

我在总结中说,比"方法"更重要的是"理解":我们如何理解理论?如何理解方法?理论和方法本质上是一体的,"行是知之始,知是行之成",没有脱离理论的方法,也没有脱离方法的理论。方法有效与否既取决于客观情况,也取决于使用方法的人。彼时有效的方法此时不一定有效,他人有效的方法自己不一定管用。脱离客观情况和自我特长片面寻求"一招鲜"的绝招和妙招,这种思维方式可能就有问题。

方向比方法重要,"如何理解"比"如何做"更重要。有的年轻老师片面寻求管理学生的有效之策,岂不知,一切管理本质上都是自我管理。管好学生的前提是管好自己,自我认知的匮乏和专业能力的薄弱往往是问题的根源。很多时候,不向内反思提升自己,一味地把问题归因于外,不仅解决不了问题,还会制造许多新问题。

阅读,能加深理解,改变理解,重构理解。而在今天,对于阅读,也需要重新理解,重新理解阅读对教师专业发展的价值和意义。

在中小学教师中,阅读存在五大误区:一是不重视阅读,二是浅阅读,三是不会读，四是知行分离，五是缺乏长久沉浸。

阅读对于教育教学真正有多少价值？那么多的书，该读什么呢？其实，这样问是很难有答案的。不妨换一种思考：我需要解决什么问题？当没有解决办法时，我该做什么？只有在这样的前提下，谈阅读的价值和读什么才有意义。太多的老师以"忙"的名义来遮掩对阅读的不重视。要求学生阅读的老师不阅读，希望学生积极学习的老师对学习不积极，这种现象并不稀奇。因为不注重阅读，许多老师止步于"经验型"而无法成为"专业型"，他们习惯依赖旧有的经验，慢慢滋生了心理惰性和保守心态，不喜欢变化，对新事物反感，削弱了应对新环境的能力。

什么是浅阅读？满足于读一些教学参考书、教学杂志、微信文章等，很少阅读超出自身兴趣和能力范围却有重要价值的专业书籍。长期浅阅读，造成视野狭窄，思维凌乱，思考肤浅。深度阅读就要读经典，就要突破"舒适区"啃读一些有难度的、不喜欢阅读的书。试想，不阅读皮亚杰、维果茨基等大家的著作，不研究元认知、深度学习等理论，如何能真正领会学习的发生？不研究阿德勒《儿童的人格教育》和埃里克森《同一性：青少年与危机》，如何理解生命成长规律？不研究怀特海《教育的目的》和苏霍姆林斯基《给教师的建议》，如何理解教育规律？不研究《人间词话》《古老的回声》等书籍，如何理解诗歌真谛？当然，以上我仅是通过举例来说明阅读经典、啃读理论的重要性。

有的老师习惯用阅读报刊、小说、散文的消遣性阅读方法来读经典，结果是读不懂。剁骨头不能用切豆腐的刀，阅读经典不能用刷微信的方法来读。如何啃读经典呢？我在新网师带着一百多名老师啃读阿德勒的《儿童的人格教育》，首先我确定用半年的时间来读，而不是用一天、一周或一个月。老师们每天要将阅读心得打卡，每个章节要画出思维导图，每次授课前要完成几千字的作业。我每半月组织一次在线讲座和交流；听完我的讲座后，老师们开始重读。一学期下来，学习认真的老师累计写阅读笔记近十万字。为了读懂这本书，还阅读了《正面管教》《自卑与超越》等相关书籍。最难走的路才是捷径，读经典就要这样啃读。

还有一种情况，有的老师喜欢读书，也读了不少书，但解决不了教室里的问题。原因是什么？知行分离。有的老师阅读的书籍与教育教学没有关系，有的老师没有把书籍上的知识在教室里"活"起来。教师专业阅读，根本在于升级认知，解决问题，脱离实际一味高调地谈阅读，也容易带来自我感觉良好的幻觉，进而迷失在文字的光芒中，让自己变得虚弱。

做成一件事，不论是进行一项教育改革，还是构建一个学习共同体，都需要一种内在深刻的领会。没有这种深刻领会，思维就容易肤浅、散乱、疏陋。而这种领会又不是三言两语能表达清楚的，除了海量阅读，还需要时间、专注、沉浸、体验、顿悟。越急切，越浮躁，越难以领会。沉下来，再沉下来，从根本处着手，放在一个较长时间段中考量，羞答答的玫瑰就会静悄悄地开！

我从十年前开始参加新网师学习，开启专业阅读，逐渐从一名学员成为讲师、执行院长；从一个从未写过一篇文章的中学老师成为今天出版两本著作的大学老师，十年时间的专业阅读发挥了根本性作用。阅读虽然提供不了解决当下困难的具体方法，但可以提供一种理解，这种理解是一个人最内在的教育灵魂，是最根本的东西。在高度理解的基础上，游刃有余的教育实践才有可能发生。

非常认同一段来自微信文章中的话："顶级认知能力的获取其实是免费的，因为它只会吸引少数能够理解它的人。这些人是最可宝贵的，他们投入的理解力和伴随着理解这些认知所付出的艰辛，其价值远远超过任何获取这些认知力的市场价格。人类最稀缺的，永远不是权力与金钱，而是理解。"

教师专业阅读是一个长期的修炼之旅，是一个与写作、实践融为一体的精进之路。要真正理解阅读，在根本处，还需要回答一个与阅读看似无关的问题：

我为什么要这样做？

这是一个涉及世界、生命、人生之意义的问题，是一个可能需要一生来回答的问题，也是一个他人无法替代你回答的问题。

五、让打卡成为一种生活方式

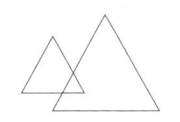
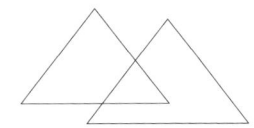

每天早晨，6点多起床，给孩子做好饭后，一般第一件事就是用十多分钟阅读学员在小打卡上的学习心得，对感触深的点评几句，对精彩的内容进行置顶。老师们在小打卡上书写的内容整体越来越精彩。起初大部分是摘抄，后来逐渐有了自己的阅读所思和课后心得。在小打卡上进行书写已经成为许多老师的一种生活方式，正如网名叫"晴空"的老师所言：

> 是每天的打卡提醒我要读书，每天忙忙碌碌很难静下心来读书，是打卡任务提醒我早早起床，先读几页书，一天的心情沉静下来，安安稳稳地静心处理一天的事务。晚上再读几页，去除一天的烦躁。

有的老师在课后将我讲的内容重修整理，比如下面是网名叫"有味"的老师在小打卡上的总结，非常详细——

《儿童的人格教育》第三次听课心得

今天，再次聆听郝晓东老师《儿童的人格教育》。和前两次不同的是，这次能跟上老师的上课节奏了，对老师讲授的内容也听得更明白了。我想，这除了郝老师能够把枯燥的内容讲得生动有趣，也得益于老师课前布置了思维导图和案例分析。看来思维导图真的是一个很好的理解知识、提升阅读能力的工具。郝老师把第五、六章总结为五个点来讲解。

一、什么是自卑？什么是自卑情结？

我在阅读老师们打卡内容的时候发现在使用标题时有的老师用"自卑感"，有的老师用"自卑情结"，而我购买的书本里没有出现"自卑情结"这个词，我就对这两个词语产生了疑问。通过郝老师讲解，我才知道自卑有自卑性、自卑感、自卑情结三个概念：自卑性是引起自卑的事实，如对相貌、身体不满意、个子矮等；自卑感是一种别人可能认为你不错，但自己感觉不满意的感觉；自卑情结是过度的自卑感。但有自卑性一般会有自卑感，有自卑感不代表一定有自卑性，有时候自卑性可能不存在了，但是自卑感依然留了下来，这就是自卑情结。

二、有自卑感好还是不好？为什么？

通过阅读，我知道自卑感没有好坏之分，所以我认为人都是有自卑感的，重要的是如何消除自卑感。郝老师说自卑情结的表现主要是逃避、懦弱、虚弱、逞强。如何消除一个人的自卑感？那就是让他自信。

三、哪些因素可以引发自卑情结？

能引发自卑情结的主要有器官劣势、童年没有安全感、父母的影响、成人的评价、做事失败。儿童在童年时期越得到母爱，就越有勇气和胆量。母爱带来安全感，父爱带来方向感，所以小学阶段重母爱，初中阶段重父爱，但在每一个阶段也要注意分寸。对儿童的评价也很考验父母和老师的智慧，现在的学校不是人格培养优先，而是智力培养优先，所以不能简单地看成绩和排名，成绩固然重要，但是成绩对孩子带来的影响更重要。

四、自卑的补偿

自卑的补偿有正确和错误之分。一个自卑的孩子正确的补偿方法应该是让他获得成功，获得信心，这种补偿也是人的一种生存方式，如盲人听觉好、瘦的梅花鹿跑得快、乌龟跑得慢但壳坚硬等都是自卑补偿方式。每个人都希望被肯定，所以教育要依照人性，不要打击人性，逆人性而行。正确的补偿方式也会导致失败，这样会使儿童失去勇气，产生恐惧，就会导致错误的补偿方式，如逃避、懒惰、奇装异服、行为怪异、口吃、作弊等。

五、如何应对自卑情结？

大人对孩子自卑情结的应对也有正确和错误之分。正确的应对方法是鼓励、建立友好关系、帮助获得成就、培养自立能力，错误的方法是羞辱、打击、贬损。阿德勒说："千万不要认为，我们能通过贬损或羞辱来真正改变儿童的行为，一个被剥夺了对未来信心的孩子就会从现实中退缩，就会在生活中无益和无用的方面追求一种补偿。教育者最为重要的任务，或者说是神圣的职责，就是确保每个学生不会丧失勇气，并使那些已经丧失了勇气的学生通过教育重新获得信心。这就是教师的天职，因为只有儿童对未来充满希望，充满勇气，教育才可能成功。"通过老师的讲解，我对阿德勒这些话有了更透彻的领悟。

通过今天的课，我有了一种渐入佳境的感觉，但郝老师说"听课结束应该是学习的开始"，我一定做到"常读常新"，更好地领悟课程内容，并做到能在教育教学实践中加以应用。

课后这样的总结非常必要，我在授课中曾说，按照"浪漫—精确—综合"认知规律，课前的预习作业属于浪漫阶段，课堂学习是精确阶段，而课后的总结和再学习是综合阶段，综合阶段的总结是重要的内化过程。我多次强调，不要把课堂学习当作学习的终点，恰恰相反，应该是重新学习的起点。所以，我建议，在讲师授课后，老师们应该再一次重新阅读。

方娇艳老师甚至在听课的过程中顺便以思维导图的方式将课程内容进行了梳理，也引发了其他学员的惊叹和赞赏。

今天早晨，我在阅读小打卡时发现一个更值得称赞的现象，许多老师把课程中的理论与自己教室里的实践结合起来，有意识地用理论来思考、指导实践。

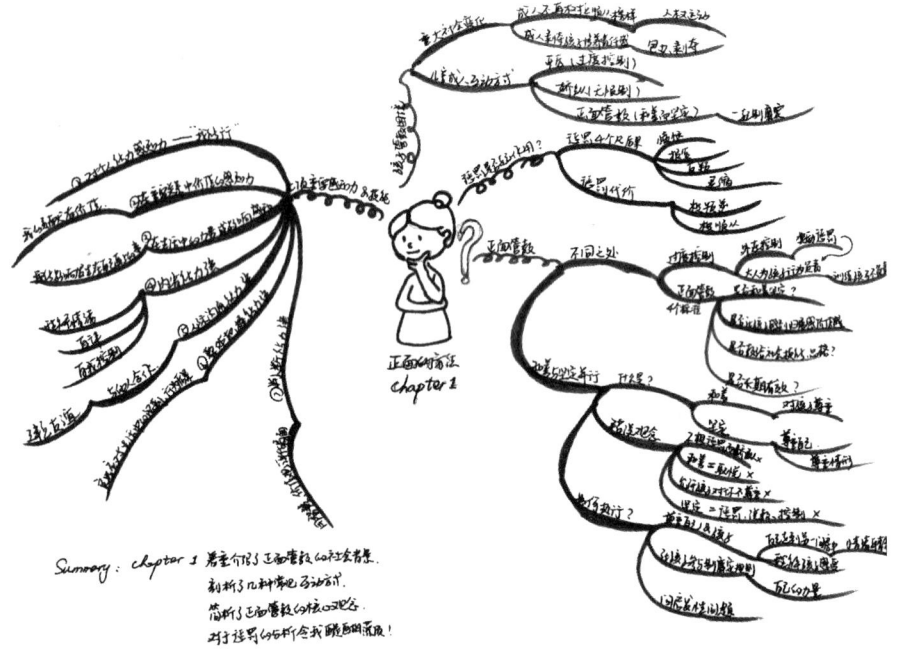

方娇艳老师所画的思维导图

网名叫"南山"的老师写下了这样的心得:

这几天一个学生要辍学,母亲每天把他送进教室,自己就来到教师办公室里以泪洗面,很是可怜。各位老师都给学生做了思想工作,可就是不起作用。我问他,想干什么?打工。具体工作?不知道。为什么打工?反正比学习轻松。你学得懂吗?数学、英语学不会。老师可以帮你,他沉默起来。

想起阿德勒理论,他就是典型的逃避型补偿心理,他以辍学来获得一种无学习压力的轻松状态,他对打工其实一无所知。他选择错误的方式来获得心理优越感。我几次询问他爸爸为什么不来,他妈总是说忙。可能这个孩子还缺少父爱,导致人生缺少方向感。今天碰到一个在外地打工的毕业学生,刚好和他一个村,我让毕业学生给他做思想工作,讲讲在外面工作的不容易。晚些时候,这位打工的学生回复说:劝说失败。

其实辍学只是表象，更深层的是这个学生内在的人格问题。突然觉得自己面对这样的学生好无能。

网名叫"夕阳西夏"的老师这样写道：

今天到一个孩子家里家访。因为中午母亲接放学迟到了一会儿，孩子就回家大哭大闹，责备母亲，并与母亲发生激烈争吵。他的妈妈一怒之下，打了他两个耳光。他生气地说：你最好打死我，我就是一个没用的人，我不想念书了。想起昨晚听郝老师分析的自卑情结，我想这孩子可能就是得了这种病。他这一系列的爆发并不是因为母亲的迟到，而是以此为契机在宣泄他的情绪，这种情绪是在长期的压力下形成的。学习成绩不好，母亲从小到大非打即骂，左邻右舍嘲讽讥笑，个人性格胆小内向，以至于他在任何情况下都没有获得过成就感，进而产生了错误的心理补偿。很难过，孩子的童年没有得到正确的引导，看到他这样痛苦，我真是万分难受。好在最终在我的关心和鼓励下，他渐渐平息了怨气，也答应了明天会去上学。今晚的夜空，没有星光璀璨，有的只是飘飞的细雨。孩子见我要回去，便说要送我，我感动不已，也觉得从中获得了职业的幸福感。孩子，希望你能好好的，重新开始，重新找回自信。

这样的书写和思考非常重要。为什么？因为学贵在用，学而不用，就成了屠龙之技；学了而不会用，等于没学，等于不懂；而且，运用也是学习，是更重要的学习。这就是王阳明所说的知行合一。

当然，我在阅读小打卡中也发现一些不足。

有的老师把小打卡当成了朋友圈，发一些风景照或心灵鸡汤；有的所发内容与课程内容没有关系；有的仅仅是写学习的痕迹，如"已学习""今天阅读了""加油"，而无实质内容，只是写"阅读了"但我们看不到阅读所得；有的是一些空泛的感慨，如"一面学习，一面成长，一面收获"等内容，只是写"收获了"，但收获了什么，却没有记录下来；还有的是不知从何感悟的只言片语，如"教育要静下来：慢"，"深海静谧，浅水喧哗"，"课堂上教师要照顾到全体学生"。这些话都有道理，但你是如何思考的？与自己的实践有什么关系？这些更有价值的内容却没有写出来。

当然，以上不论是我表扬的，还是提出的不足，都是在小打卡上书写的。其实，还有相当一部分老师，静静地"潜在海底"，连痕迹都没有。

选择了课程学习，而不投入行动，那么选择的意义是什么呢？高高兴兴入群，马马虎虎学习。敷衍的是学习，也是自己的人生。

还是回到打卡的话题，打卡有什么作用呢？

与线下的学习共同体相比，新网师存在的一个不足是：学员之间、讲师之间、学员与讲师之间，都不熟悉。仅仅依靠半月一次的授课，不足以建立起彼此间的认同感。而这种情况，影响了新网师的授课与学习品质。过去新网师通过论坛，后来运用微博构建起彼此了解沟通的平台，现在用小打卡就是想弥补这一不足，也是为了真正达到新教育倡导的理念：共读共写共同生活。

学员郭小琴老师有一段话说得很好：

坚持打卡是为了什么？

练思维！对待生活中的事情，思考和不思考有很大的不同，如何思考又是确定事情趋向的基础。练！当然是往好的方面去练了。

练写作！写的过程就是思考的过程，也是改变思考的过程。常常有这样的事情发生，想好的内容，在提笔往下写的时候，边写边走样，最后写出来的东西会比想要写的东西完善许多。

窗外，空气清凉，金风玉露，正是黄叶满树、爬山虎怒红的深秋。

秋天，是大自然收获的季节。

而那些在新网师"神龙见首不见尾"的老师们，收获的季节在什么时候呢？

六、对高水平学习者的尊重

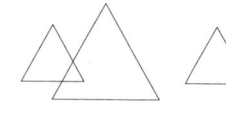
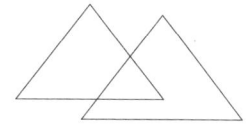

（一）

前几天，教务长郭良锁老师告诉我，河北沧州市献县的刘红霞校长想让全校教师整体加入新网师学习。对新网师来说，越来越多的区域和学校组织教师整体加入，当然可喜可贺。

但从学习的角度来看，有利也有弊，对此我们也应保持清醒头脑。一方面，学校或区域教师整体加入，当地的校长或局长可以在现实中为学员创设更好的学习条件、更浓厚的学习氛围，有利于提升学习效果。另一方面，由于是行政组织，有的老师可能不如自主加入的学员更珍惜学习机会，更有积极性。人总是对轻易得到的东西不珍惜，对出于外在要求（不是自愿）的事不积极。2019年加入的部分学员学习不积极，可能与此有一定关系。

新网师没有点石成金的神奇功能。如果以为把教师带入新网师就万事大吉、大功告成，可以坐享其成，那是不现实的。十年来，新网师当然培养了一批批优秀乃至卓越的教师，但无一例外，这些老师都是在自愿主动学习的前提下才凤凰涅槃，羽化成蝶。自己不行动，没有谁能替他抵达。

学校或区域教师整体加入新网师还是有很大的优势和便利的，只不过需要发掘。比如，以读书会等方式构建线下新网师学习共同体，围绕新网师课程定期组织线下学习，共读讨论、合作探究、分享交流。等时机成熟，还可以邀请新网师的讲师参与线下学习。

当然，最重要的是，校长和学员都需要不断叩问自己：我们是不是真正热爱学习，真正热爱教育，真正热爱生命？如果老师加入新网师仅仅是为了执行学校的要求而无内在的自觉，如果学校开展新教育实验仅仅是为了应付教育局的检查而没有领会其价值和意义，那么，再好的课程，再好的项目，做着做着就容易变味、走样、跑偏。如此，不仅收不到预期效果，还有可能怨声载道。

（二）

浏览小打卡，发现几位学员参加了几次学习后，产生了畏难退却心理；还有的学员因预习作业成绩低，积极性也受挫。有一位参加语文研课的老师说："最近在新网师的学习让我有了很强的挫败感，失落，迷茫，刚加入新网师时的喜悦渐渐消散。"

研课课程真的难吗？如果是解析高中的名篇或年代久远的文言文，如果是研讨大学的课堂教学，也许有点难，但语文研课分析的只是小学低段二年级的文章，只是要求老师们亲自写一下文本解读和教材解读，亲自拟定教学目标，只是讨论二年级的识字教学啊。这些难道不是一个语文老师应有的常规知识和一般能力吗？只是讨论二年级的语文教学，为什么都感到如此难呢？

本学期我讲《改变教育的十二个关键词》，授课结束，有老师反映听得艰难，感觉有点深奥。是我讲的知识难吗？其实我只是对书籍作解读。有的老师反映书籍也读不懂，但是你知道《改变教育的十二个关键词》也是当初我为了解读《教育的目的》《教育人类学》《儿童的人格教育》三本书而写的讲义。有的老师读了这三本原著后，更加崩溃：每个字都认识，但连在一起就不知道什么意思。

其实，我们应该思考：是这些书真的深奥，还是我们阅读面窄、阅读力不高？如果把经典按难度系数区分，《教育人类学》可以打60分，《儿童的人格教育》只能打30分，《教育的目的》打40分。而且，《教育的目的》只是怀特海面对大众的演讲稿。如果这三本书也觉得难，那么可以感知一下海德格尔的《存在与时间》和王国维的《人间词话》。

还有的学员认为作业批阅得太严了，分数给得低。我认为恰恰相反，现在的作业判定已经是很宽了，新网师成立的前几年，语文研课很长时间"优秀"等级都是空缺，"良好"也是凤毛麟角，能取得"合格"就很不容易了。当初对作业的判定标准是严守标准，宁缺毋滥，不为迎合学员降低标准，满足其脆弱的虚荣心。

难道不能简单点吗？难道不能读一些通俗易懂的书吗？为什么要追求难度？为什么要啃读经典？因为认知的提升，必然来自有难度的学习；有意义的学习，一定要有挑战性。没有难度的学习，自以为有收获，实际上是一种幻觉。能轻松吸收的，都是你已经有的，学习过程是同化；你吸收不了，就是自身没有，学习过程是顺应。

如果研讨二年级的语文课文都觉得太难，如果阅读解读经典的文章也感觉艰涩，如果作业评分比较低就萌生退意，说明什么？说明我们需要认真思考自己的专业素养、阅读水平和学习能力了。

很多老师以为小学语文就是"读一读""说一说""议一议""写一写"，以为字词教学就是把汉字写在黑板上让学生读一读，抄十遍，以为"教学目标"天然就应该是教学参考书规定好的，以为那些深奥的理论书籍都是空洞无用的知识……

我们用思维去理解一切，而很少反思思维本身。

我每周一般都到中学课堂听年轻教师的课。听完课，我经常问一句话：这节课，究竟要让学生学到什么？很多时候，老师都说不清楚自己究竟要教给学生什么，课堂上究竟是不是围绕目的展开教学。教任何一篇文章，都是按照惯例列出字词、划分段落、讨论句子，最后贴标签式地给出一些名词概念。老师教得稀里糊涂，学生学得莫名其妙，当然，考试就考得一塌糊涂。

上周，我听了一节小说课，评课时，我问："这篇文章好在哪里？"老师说："情节曲折。"这是一篇文章的特征吗？经典小说，哪个情节不曲折？哪个人物不丰满？哪个细节不生动？哪个描写不传神？哪个感情不真挚？

情节曲折不是特征，如何曲折才是奥妙。

我们经常运用一些主题突出、细节生动、情景交融、"形散而神不散"等大而化之的概念，而没有真正朴素地面对一个文本去思考、去品味，逐渐失去了对文本真切、活泼的感知力。

新网师要带领老师们击溃一切伪学习、伪知识、伪概念，逼近教学教育的真相，逼近学习的真相，认识真实的自己。感觉难吗？难就对了。认知升级不可能在莺歌燕舞、诗情画意中实现，不可能喝点"心灵鸡汤"就能完成。只有独自在漫长的黑夜里沉潜，穿越一门门课程，经历惊觉、疼痛、绞尽脑汁、备受折磨、恍然大悟的过程，才能真正发生裂变。

泰戈尔说："离你最近的地方，路途最远，最简单的音调，需要最艰苦的练习。旅客要在每个生人门口敲叩，才能敲到自己的家门；人要在外面到处漂泊，最后才能走到最深的内殿。"

今年刚加入的祝森老师已经有切身体会："两个小时的课，让我整整花了三天的时间整理29页笔记，这是一个漫长的过程，也是一项体力活，更是一次思想的洗涤。满满的干货，让我一次次生出'原来可以这样教'的念头。感谢相遇，感恩付出，在新网师，我遇到了一个全新的自己。"

收获与痛苦成正比，与轻松成反比。岁月必将淘汰那些逃避困难者，而给挑战者以丰厚的馈赠。

（三）

近期，筹划5月底的新网师线下高级研修班，不由得想起2011年首次到内蒙古东胜的罕台镇参加新网师暑期线下共读。

参加者皆新网师邀请的讲师和优秀学员，大家从全国各地而来，都是自费参加，也没有什么报销之说。举办地点不在豪华的酒店而在罕台镇的一所小学，我们集体住学校宿舍，窗明几净，朴素雅致，几人一间，仿佛回到了大学时光。学习期间，没有领导致辞，没有歌舞晚会，没有觥筹交错，没有豪华会场，没有礼物赠品，没有宣传广告，甚至都没有寒暄客套。一周内，上、下午各三小时，围坐在一间教室，上午共读杜威的《我们如何思维》和威廉·巴雷特的《非理性的人》，下午朗诵泰戈尔的《吉檀迦利》。有次晚上停电，大家就点燃蜡烛，举行了一个独特的烛光诗会。学校没有专门的厨师，我们就分组做饭，大显厨艺：今天四川风味，明天晋北烩菜，后天河南面食……真正做到了共读、共写、共同生活。

每天共读，都是一场头脑风暴。一周深度学习，脑洞大开，彼此也结下了深厚友谊。当时在那间教室里共读学习的普通老师，今天许多都成为当地乃至中国教育界的风云人物。

后来，我在全国各地参加了大大小小的研讨会、年会、研修班，硬件越来越好，档次越来越高，豪华酒店、高级客房、丰盛的自助餐、五光十色的电子屏、印刷精美的宣传单、精致的茶歇，与会者常有如雷贯耳的专家泰斗，但在罕台清凉之夏围坐教室、啃读经典、深度对话、情真意切的那种感觉却成为一种奢侈。

我给今年新网师的线下研修定下一个基调：朴素而隆重，简约而盛大。

朴素而隆重，是指我们不选豪华酒店、高大场所，就在城郊安静之处择一所雅致学校，教室共读，宿舍休息。没有领导讲话，没有客套致辞，去除一切形式化的包装，就像原始人围坐在篝火四周起舞一样，我们围绕在知识周围，如切如磋，如琢如磨。

简约而盛大，是指我们邀请顶尖的专家，高校学者或新网师讲师。在研修期间，举办一场场主旨报告、名师作课、闪电演讲、深度共读、榜样分享、阅读沙龙、十佳颁奖，为大家带来一场场精神盛宴、思想大餐。

就像罗振宇所说，"珍惜他们的时间，尊重他们的理解能力，给他们最好的资源，这就够了"，"这是对高水平学习者的一种尊重"。

而且，新网师虽然没有经费，但要想方设法为学员减免费用，减轻经济负担，让想学习者都能来。

金琴已经调好，蓓蕾即将绽放，弦歌就要奏响。

等你来。

七、用追马的时间来种草

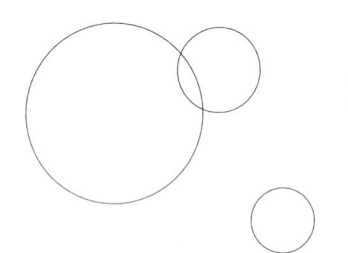

有学员留言,希望我能给报纸杂志的编辑朋友推荐发表其文章,提高学习积极性。我非常理解他们的这种愿望,因为我也跋涉过这样的心路历程。十年前,我看到有的名师经常被报刊编辑约稿,文章经常见于各种报刊,稿费甚至比工资都高,是多么艳羡而仰慕:我何时也能达到这种水平啊?那时在内心也特别希望能有伯乐把自己的作品推荐给报刊编辑。

时隔多年,当我的作品也能经常见于报纸杂志时,终于渐渐领悟写作中真实的逻辑:不要去追一匹马,用追马的时间种草,待到春暖花开时,就会有一匹匹骏马任你挑选。写出优秀的作品是生命成长的伴随品,是专业发展中"额外的奖赏"。如果把作品比作水果,希望收获甜美的水果,就不要一心想着水果,而是把主要精力用在培植果树上。果树繁盛,自然会生长出甜美的水果。

我并不是一个有写作天赋的人,缺乏写作所需的天马行空的想象力、知微见著的观察力等。所以,我只能写一些散文而不会写诗歌,更遑论小说。如果说能写一些文字,也是兴趣与努力同在,必然与巧合交织。

我的写作史大体可分为三个阶段:第一阶段是从小学到高中,第二阶段是大学期间,第三阶段是参加工作以来。

（一）

和大多数的孩子一样，我在小学到高中期间的写作主要是作文，读者只有语文老师，目的是获得一个高分数。在我的记忆中，上学期间很少为写作而特别发愁。小学三年级第一次写作文，老师让写一篇介绍自己的文章，我就轻松地完成了，开头和结尾用了问答体，也算有创新。但从小学到初中，作文并没有多少突出之处。只是初中以前，我的阅读量要比周围的同龄人大，一方面归因于我对读书有浓厚的兴趣，另一方面也归因于父亲是语文老师，他在物质匮乏的年代给我提供了丰富书籍。

我从小就特别喜欢读书，每次到县城，最期盼的就是父亲带我到新华书店买书，但农村条件有限，能够读到和买到的书籍并不多，不像今天的孩子，家里有海量图书可供随时阅读。我在小学期间主要看了不少连环画，以及《十二寡妇征西》《隋唐演义》等章回体小说，初中读了不少武侠小说，高中订了三年的《语文报》《辽宁青年》等报刊，读了一些名人传记。小学四年级暑假时，当校长的父亲从学校借来几十本《少儿百科全书》，我用一个假期就都看完了。那时家里条件较差，没有书桌，我就在院子里读，常常一直读到太阳落山，父母多次提醒才作罢。读这些书并没有对我的写作有直接的帮助，但无形中为写作积淀了比较厚实的"智力背景"。对写作有直接影响的是一些作文书，如《小学生作文选》《中学生作文选》，这些书构成了我最初作文模仿的范例。记得高中时，得到一本《全国中学生作文大赛作品选》，与其他作文集不一样，这本书中的文章，内容有深度，结构精巧，非常吸引我，我就有意模仿。记得有一篇文章在结构上很有特色，文章分为几部分，每部分的小标题都是承接上一部分结尾的一句话而成，我就刻意模仿这种形式，还受到了语文老师的表扬。

（二）

初中以前的写作，一直处于蛰伏阶段，记忆中基本是空白的。初次品尝到写作的乐趣是在高中，这也要归因于教语文的赵兰舟老师。赵老师并没有教什么特殊的写作方法，但有一个习惯，就是每周日晚自习会在班上朗读上周评选出来的优秀作文。我的作文经常被赵老师在班上朗读，而且作文本上常有赵老师用红笔写下的大段欣赏、激励的评语。每次听赵老师朗读自己的文章，我虽然表面装作平静，但内心的幸福感和成就感爆满，这为以后的写作增添了莫大的鼓励和动力。因此，我每次写作文特别用心，希望能够被赵老师选来朗读。写得用心，被朗读的机会就多，慢慢就形成了良性循环。

而今回头来看，这种"被看见""被肯定"成为写作的重要动力，贯穿了生命各阶段。高中的文章被老师朗读，大学时的文章发表在校报，现在的文章更是能通过互联网传播得更远、更广。对于一个写作还不成熟的人来说，如果没有这种"被看见"，写出来的作品只是藏在抽屉里自己看，估计写作热情就慢慢熄灭了。

其实，高中以前写的文章，只是略微比大多数同学好一些，并没有什么特别之处。然而这并不是必然，如果换作今天的时代，应该会更好。因为过去缺乏今天海量的书籍，也没有高人指导。我的孩子的文章就比我当初写得好，因为她在中学阶段就读到林清玄、余秋雨、曹文轩等名家的精彩作品，能够在我的引导下阅读《苏菲的世界》《批判性思维工具》等有深度的书籍。吃的"精神食粮"不一样，产出自然也就不一样。虽然我比女儿更喜欢读书，但她的阅读量还是比我中学时大，为什么？因为拥有的书籍多。时代会深深刻写一个人，谁都无法突破自己的皮肤。

（三）

大学我上的是中文系，写了不少散文、杂文等，写作动机主要源于在校报上发表。大二时在校报首次发表文章，从此就一发而不可收。高中写得好仅仅是老师朗读，而在大学，第一次看到手写稿变成了铅字，还有稿费，非常开心，满满的成就感。有一段时间，每期报纸都能看到自己的作品。那时对我写作影响比较深的是余秋雨、董桥等人的文化散文，记得有一次到北京游览了卢沟桥、北京大学，回来后就写了两篇散文，发表在校报上。后来我又成了校报编辑助理，开始写新闻、评论。也因为这段经历，参加工作后，做了几年校报主编。

虽然如此，大学期间的写作还是处于自发阶段。究其原因，一是阅读量不大，质量也不高；二是缺乏高人的指导。大学期间，大量精力消耗在课外社团活动上，除了《穆斯林的葬礼》《平凡的世界》《乱世佳人》等给我留下一些印象，缺乏深刻锲入灵魂的书籍。

回头来看，贯穿于高中和大学期间的，还有另一种写作：日记和书信。高中写了五六本日记，大学写了百余封信件，记录了一个少年到青年成长阶段真实而隐秘的心路历程。日记主要写给自己看，书信写给同学或亲人读，因为属于私密内容，所以更真实、真切，甚至更有文采。按荣维东《交际语境写作》来看，具备了"话题、情境、作者、读者、目的、内容、文辞"七要素，更能代表写作的真实水平。我认为，这类文字反而比公开的文章要写得更好。

（四）

用怀特海"浪漫—精确—综合"三阶段划分，上学期间的写作可谓是浪漫期，对写作充满了好奇和兴趣，但没有真正领悟创作的内在规律。参加工作后开启了精确期的写作。准确地说，精确期写作是从参加工作十年后加入新教育实验网络师范学院开始的。前十年虽然教高中语文，但除了一些新闻稿件几乎没写过什么有价值的文章，也没有阅读过什么有价值的书。

写作的黄金期是2010年到2012年在海南五指山带领大学生实习支教期间。从那时起，我的写作发生了根本性转变：从过去文学性创作转变为专业性写作，过去是风花雪月"文青式"创作,而现在是逻辑严密朝向专业型写作。过去阅读对象是文学爱好者,而现在的阅读对象是实习支教大学生和中小学一线教师。过去是为写而写,为了写作搜肠刮肚、冥思苦想,常常"为赋新词强说愁";而现在是为实际工作而写,为表达观点而写,为剖析问题而写。加之当时因长期远离家乡客居遥远的海南岛,心潮感触时时涌动,"情动于中而形于言"。

在海南五指山,我一边在新网师深度阅读哲学、教育学、心理学等著作,一边在山清水秀的黎村苗寨指导大学生开展教育教学。生活处境的变迁,支教工作的挑战,深度阅读的沉潜,几项因素结合起来,创造了写作最佳条件。我通过写书信的方式与大学生们进行交流,写作成了一种工作方式,甚至一种生活方式,一直影响到今天。

存在的变化引发了写作目的、内容的变化。从2010年到2016年实习支教带队结束,我的写作不论从数量还是质量都达到了一个高峰,也就是在这一阶段,我的文章开始不断见于国内报刊,成为签约作者,直至出版专著。

(五)

为何能有一个写作高峰?

归纳起来,原因有四点。

一是有充足的时间。对于写作,时间非常重要,如果没有充足且自由的时间,很难充分酝酿,反复斟酌。

二是受两个人的影响,一个是魏勇,一个是魏智渊。他们两位都是中学老师,文章逻辑严密,富有文采,视野开阔,充满洞见,总能给我耳目一新之感。我收集购买了两位老师几乎所有的文章和书籍,反复阅读、推敲,确立了写作对标的样例。写作表面上是推敲文字,实际上与个人气质有关,不是任何人的文章都能模仿,你要模仿、学习与你气质相似、风格相近者的文章。

对于阅读,神话学大师坎贝尔曾说:

读自己想读的书，且一本接一本地读……如果你觉得某个作者吸引你，就把他的作品全部读一遍，这样会比你东看一点西看一点理解得更透彻，受益更多。读完这个作者的全部作品以后，你再读影响他的作家的书，或是读其他跟他有关的人的书。这样，你的世界就会以一个合理的方式被构筑起来。

对此，我深有体会，深以为然。

三是海量阅读和专业阅读。阅读丰富了认识，加深了理解。如果没有阅读作为基础，所表达的观点将总是老生常谈，人云亦云，言之无文行而不远。

四是通过指导大学生工作，对教育教学达到了一种存在性领会。优秀的作品源于存在性领会，只有你深刻领会了，说出的话才有力量，才有感染力。

回头来看，实习支教期间的写作虽然达到了一个高峰，但缺乏对写作形式的酝酿和打磨，只因身在处境中，写作如火山喷涌，文字的温度和力量弥补了形式上的不足。

而今，我的写作正向精确期纵深处延伸，反而越来越感觉到不会写，对写的文字也很不满意。当然，这也与处境、与存在有很大的关系。

现在，我除了继续写教育类专业文章，还经常在单位写发言、致辞、总结、汇报等公文类文章，虽然这些公文都有比较固定的套路，但也引发了我对文章结构的思考：如何能把一篇文章结构化？如何能讲好一个故事？如何能把一个问题讲透彻，让读者听明白……

虽然天赋起重要作用，但任何精湛的技艺都不是轻而易举拥有的，写作亦如此。写作只能在写作中磨炼，于是我开始给自己加压，每周写一篇"新网师一周观察"；又受马朝宏老师邀请，在《中国教师报》开辟专栏，每半月发一篇文章；我的微信公众号"啃读者"也加快了更新的频率。无论如何忙，每周都在常春藤读书会与老师们啃读经典……对自己狠一点，就是期望能在写作上潜心修炼，早日进入第三个阶段——综合期，从必然王国迈向自由王国。

2020年，我考上了苏州大学高等教育专业博士，在经历了学生写作、文学创作、教育叙事写作、公文写作后又开启了新的学术写作领域。而今，正在这条路上艰难跋涉。

回顾了我的写作史，还是回到新网师学员留言的话题。希望自己的文章能发表是人之常情，但要实现这一愿望，就要向下扎根，向内修行。想成为一棵树，就要深深扎根于泥土中，历经风霜，潜滋暗长，在不经意的某一天，你定会发现枝头绽放，满树繁花。

八、用文字雕刻生命

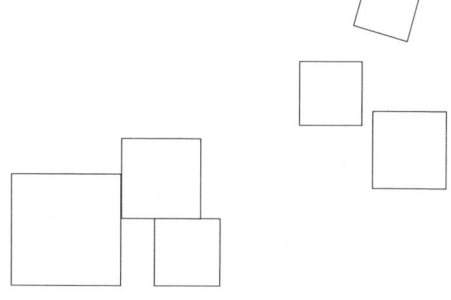

早晨读著名出版人张立宪的演讲稿,有一句话让我深有感触:

> 写作是日常生活中,我们最常见的培养成熟心智、认识和发现自我,以及有效而成功地与外界进行沟通的手段。

由此我想到新网师学员的写作。在许多学员中,程景轩与穆勒滚两位老师引起我的关注,这源于每日的小打卡。我每天早晨用十多分钟浏览小打卡中学员书写的学习心得、阅读感悟和批注。与大部分学员随意打卡不同,程景轩与穆勒滚两位老师不仅坚持打卡,每篇字数很多,而且有深度思考。尤其是程景轩老师,截至今日已经累计发了95天,估计有七八万字了。

同样是一线老师,他们的时间从哪里来?我比较纳闷。后来注意到一个细节,我就明白了:他们的打卡时间主要在21点到24点之间。通过这个时间点,我看到两位老师勤奋学习的毅力、自我管理的严格和挑战自我的勇气,看到了生命焕发的勃勃活力!

以日以年,我相信岁月必将报以丰厚的回馈和奖赏。

新教育一向重视阅读与写作,朱永新老师说:"专业阅读是站在大师的肩膀上前行,专业写作是站在自己的肩膀上攀升。"前几周我在"新网师一周观察"中剖析了阅读的重要性，提出"啃读"的方法，触动不少老师。今天我要谈谈教师专业发展的另一个重要引擎：写作。

（一）

教育家约翰·亨利·纽曼在《大学的理念》中一针见血地指出：

> 一个人可以听一千场讲座，读一千本书，好似通过这种方式获得了知识。但是求知的过程不仅仅是被动地接受知识，而是让知识进入自己的头脑。求知不是消极地接受，而是真实主动地进入知识领域，拥抱知识，掌握知识。思维必须行动起来，主动出击，迎接迎面而来的知识，丰富自己的心智，让自己从无到有。

真正的思考一定是从写作开始的。写作的本质是思维，文字深刻就是思维深刻，文字苍白就是思维苍白；文字清晰就是思维清晰，文字模糊就是思维模糊；文字缜密就是思维缜密，文字混乱就是思维混乱。"写作方面的所有智力缺陷都可以解释为思维的缺陷。"（《批判性思维工具》）

一个不善于写作的老师，很难从优秀走向卓越。我接触过许多一线优秀的校长和老师，不乏丰富的经验、骄人的业绩、良好的口才，对教育教学亦有许多睿智的洞见，但只是停留在优秀而不是卓越层面。为什么？主要与不善于写作有很大关系。不写作，学识思想就很难系统化、学术化。

每个地方都有优秀的校长和教师，但只是在当地有不错的口碑而很少被外界所知，为什么？那是因为不善于写作。我最近整理本地一位新中国成立初期教育专家的传记，因为他没有留下著作，所以只能通过他的学生零星相传的一些片段故事来拼凑，而很难了解其更有价值的教育理念等深层次的思想。反过来，我认识的四川阆中市教育局原局长汤勇先生、江西弋阳县教育局原局长方华先生，为什么能从全国几千名教育局局长中脱颖而出，成为全国知名的专家型局长？与其勤于写作、善于写作有极大关系。

（二）

写作能力是深层次学习的强有力工具，那些无法用文字表述内容的学习是浅层次的学习。许多在专业发展上取得较大突破的老师，得益于写作，许多新网师学员正是通过坚持不懈的书写，在专业发展之路上越走越远。新网师学员、河南济源一中王晓琳老师曾在新网师开设电影课程，后来出版的《影响孩子一生的100部电影》入选"2018年度家庭教育影响力图书TOP榜"，其本人也成为国内开发电影课程的领军人物。新网师学员、河北石家庄桥西区李亚敏、刘娟老师在新网师主持"缔造完美教室"课程，出版了专著《缔造完美教室》。我在加入新网师之前没有写过一篇与教育有关的文章，在加入新网师后，开始陆陆续续发表文章，2016年我把给实习支教大学生的书信整理成《给青年教师的40封信》出版，已经出版的《改变教育的十二个关键词》其实就是我在新网师授课的讲义。

可以说，凡是研究教师专业成长的专家，没有不重视写作的。北师大肖川老师也曾说：

> 造就教师的书卷气的有效途径，除了读书，大概就是写作了。写作是最能体现一个人的综合素质的。能够写好文章的人，也一定能上好课，因为一篇文章和一节课非常近似。

（三）

写作的确很难。

许多时候，为了写一篇文章，我常在电脑前静坐冥思一整天；为了推敲一个标题，就能用半小时。状态好的时候，下笔如神；状态不好的时候，连一句话也写不出。写作，从根本上不是技巧的问题，不是文字游戏，而是涉及学识的厚度、精神的高度。

魏智渊老师有段话让我经常回想，他说：

真正的写作，是一件必须严肃对待的事。你必须问自己一组问题：1. 我为什么要写？2. 我写给谁？3. 我深刻理解我所写的东西吗？4. 我是否有足够的努力来锤炼它的形式？

为什么要写作？如果是为了表现自己，为了流量、打赏、声名，那么很难真正获得你渴望的东西；如果是为了分享洞见，你就会明白功夫应该花在哪里。

对，应该专注于自己的成长：长久地聚焦一个领域，专注于包括写作在内的各方面的修炼，而不要过早地渴望他人的评价。就像打一眼井，不断地挖啊挖，掘井及泉。

这几年，我能写一点文字，主要是跟着人生中的"重要他人"潜读了一些书，且与长时间带领大学生扎根于农村一线教育教学分不开。我对自己发表和出版的文字并不满意，无论形式还是内容。对文章的不满意，根本上是对自我生命的不满意。你写不出你没有领会的东西，你说不出你不懂的内容，你领悟到什么高度，写作才能达到什么高度，仅仅靠一些小技巧和小聪明来取巧，行之不远，无法真正给自己一个交代。

（四）

生命是一场修行，书写是其表达。

苏霍姆林斯基曾描述一个教历史的老教师用一生来备课。从写作来说，其实也是用全部生命做准备。

你的喜爱或憎恶、深邃或浅薄、淡定或焦虑，你的梦想、憧憬、痛苦，乃至隐秘得连自我也觉察不到的东西都会投射到文字中而传递出来。当你的认识变为文字，就可以不断审视、修改、打磨，修改文章就是反思自己，修正自己。我们也正是通过写作而认识自己，成为自己。

用文字来雕刻生命，这就是书写的力量。

你，准备好了吗！

九、对生命年轮的复盘与检视

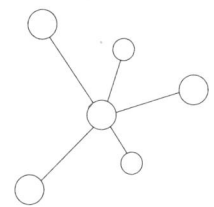

为什么要写年度生命叙事?

我们可以把宇宙亿万年的演化看作一个伟大且持续书写的故事——从细胞到原核生物、鱼类、两栖类,直到智人的出现。

我们也可以把一个族群的发展历程看作一个伟大且持续书写的故事——从炎帝、黄帝到夏商周、秦汉、唐宋……新中国……

同理,"人的一生都可以视为一个书写中的故事。这个不断删减、修改的剧本,在生命的最终一刻才全书定格,静止为一本真正意义上的'书'。而在此前,只要一息尚存,生命的全部意义,包括生命的最后一刹那,都可以因为故事中这唯一主角的抉择而完全改写"(选自《新教育年度主报告》)。我们不仅是自己人生故事中的主人公,也是这个故事的创作者。

生命叙事,就是让个体有省察地书写自己的生命传奇。与动物相比,这种"省察"是人的自由,动物只是活着,唯有人不仅活着而且可以理解并谋划如何活。人,不是仅仅被动地被环境、处境刻写和塑造,而是在与世界的互动中自主选择,运筹谋划:选择积极或者消极,选择勇猛或者懦弱,选择迎难挑战或者故步自封,选择加入新网师或者停留"舒适区",选择跋涉远方或者止步当下……

人生即选择,对于每一个个体而言,选择无处不在,无时不存。哪怕你不选择,也是选择了"不选择"。

那么,这无时无刻不存在的选择对你意味着什么?是什么让你做出了一年中大大小小的选择?这些选择中,哪些选择对当下已经产生影响,或将要对未来产生重大影响?岁末,在抖落一年的浮尘之际,我们也有必要回过头来,凝视过往的选择及其带来的思考与行动,凝视那些必然和偶然,回顾、审视并理解。

审视的是选择与行动,理解的是我们的生命本身:顺境中的闲适恬静与碌碌无为,困顿中的纠葛挣扎与逃避退让,安逸中的沉沦与惊觉,失败中的沮丧与警醒,挑战中的彷徨与执着……

对生命的这种审视与理解极其重要,它与教育教学有着千丝万缕的联系,因为教师的专业发展不可能脱离自身的生命整体而独立发展。帕克·帕尔默说:"优秀教学不能被降格为技术,优秀教学源自教师的自身认同和自身完善。"生命叙事,与其说是理解这一年走过的历程,不如说是理解即将过去的一年中,生命在与世界交互编织中的欢欣、纠结、痛苦、伤感、忧郁、窃喜……

叙事,是对生命中一个年轮的复盘与检视。叙事,让生命处于"无蔽"的豁亮状态。

这意味着一个前提,就是生命通常处于"遮蔽"状态,生命的本真被繁杂的琐碎生活和重重偏见遮蔽了。叙事,就是想努力通过基于反思的书写,悬置种种成见,从混沌的日子里,提取出有结构、有意义的故事,筛选出鲜活、逼真的细节,通过适当的剪裁,让生命的本质以本来面目呈现。

好的生命叙事:叙,要有历史深度;议,应有时代高度。把自己的故事放在另外的大故事中,或者自己的故事套着若干小故事,从而让叙事具有张力。

生命叙事不同于年度总结。

年度总结往往简略而干涩,侧重于外在的成功、成果,而生命叙事丰满而细腻,侧重于内在的理解与思考。对于叙事来说,不仅记录成功与成果,也观照生命中的困惑、彷徨,那些挫折与失败对于生命成长甚至更有价值。年度总结是对一年事务的简单罗列,而生命叙事是一种思考,是依据愿景而进行整理、反思和谋划。生命叙事要有细节,但这种细节是经过选择与裁剪的,否则,事无巨细全部铺排堆砌，会让本真迷失于琐碎当中。叙事讲求故事性，但又不是天马行空虚构杜撰。故事的生动源于想象力和词语的曼妙，而叙事来源于自己的生活，不刻意追求词语的华丽，只追求真诚与真实。当然，既然是新网师的生命叙事，在新网师的学习历程、感悟成长应该成为2018年叙事中的一项重要内容。

在岁末之际，当打扫干净庭院屋子，购买回丰盛的年货，不妨择一安静之所，泡一杯浓茶，打开电脑，播放一首淡淡的轻音乐，慢慢梳理这一年的行动与心路辙痕。翻一翻微信朋友圈的相片和文字，或者打开记事本上的日记，让还保留着温度的昔日往事重新呈现……

年度生命叙事写多少字呢？当然没有固定的限制。但我有一点不成熟的个人体会：低于五千字未免简陋，而高于一万字难免冗长。

新网师将组织专家对提交的生命叙事进行评审，评选出"新网师年度十佳生命叙事"，进行专门点评，并颁发有特殊意义值得一辈子珍藏的奖品。现在，结集将由大象出版社出版。

我们期待聆听您的生命故事！

第二章　创造突破局限

究竟是什么阻碍了生命成长？在主观、客观众多原因中，自身固有思维模式是最主要的"天花板"。成长思维者在逆境中寻求突破局限，固定思维者在困难中畏缩不前。实现成长，就是认同自我，始终目标明确，迎接一切挑战，在苦痛艰难的淤泥中觅得滋养生命的养料。

一、在内心燃烧自己

新网师开学了!

本周,由李亚敏主持的"完美教室"和"车行天下"主持的"苏菲的世界"两门课程分别进行了本学期的第一次授课。

缔造完美教室是实现理想教育的目标之一。讲师李亚敏围绕"完美"的内涵与外延从教室文化建设,以及对教师、家长、学生的要求进行了详细阐述。完美教室应该是安全的、温馨的、美妙的,要有自己的目标、愿景、价值观,完美教室是愿景实现的地方,是信息传播的地方,是价值观形成的地方,是习惯养成、素养和规则形成的地方,是建立人生信仰与道德追求的地方……

然而,这些仅仅阐释了完美教室应该是什么样子,如果追问为什么完美教室应该是这样,老师为什么要缔造完美教室,就需要哲学的介入了。哲学从根源处为缔造完美教室提供了理论根基,为教师提供了行动的原动力。从教育学角度看,完美教室是师生共同生活的乐园,是师生共同成长的精神家园;从哲学角度看,缔造完美教室既是育人的需要,也是教师实现自我的需要。

(一)

李亚敏老师已经是"完美教室"课程的老讲师,既有理论深度,又有近距离观摩新网师榜样教师的体会，且常年身在一线指导教研，所以授课游刃有余，精彩纷呈。

教室环境是一间教室文化的外显，是教室理念的体现，记录着班级生活的轨迹。因此，一间教室一定是高度封闭的，大家在教室里，感觉是安全的、自由的；同时，它也是高度开放的，只有开放，才能有更高的自由。那么，教室环境的关键词就是：安全温馨、丰富美妙、开放自由。

只有生活在安全的环境中，孩子的学习、生活才成为可能；只有生活在安全的环境中，老师才会安心地在教室里教书育人。那么，在这间教室的开始，在师生都没有安全感的时候，无论是学校的领导，还是前来听课的老师，抑或是大家还不熟悉的家长，都是不允许进入教室的，教室里，只有"我们"。

在小学，不同年级教室的色彩应该是不同的。色彩上，低年级是粉红色的、童话般的、可爱的、浪漫的；中年级是绿色的，点缀性的；高年级是蓝色的，思考性的。教室里应有绿植和小动物。绿植不仅让教室空气清新，孩子们还能观察生命的生长过程，可以做成小的课程；小动物呢，则给孩子们带来另外的惊喜。和自己一样富有生命力的生物，是孩子们特别喜欢的。布置教室一定要关注孩子们身体的健康，教室（学校）里不可缺少的是孩子们喜欢的运动器材：跳绳、毽子、呼啦圈、足球……

教室一定是孩子们精神生活的寄托。那么，教室里要有一定数量的适合班级阅读的藏书，有班级图书馆或图书角，并设有阅读课，开展阅读活动。教室一定是艺术的美的天堂，各种乐器，各种棋类，还有孩子们喜欢的动手操作的剪纸、泥塑……

教室更是生活的记录。墙上一首首生日诗，一个个课程，一张张字帖，一幅幅作品……都是美妙生活的体现。活得精彩，教室里的环境才会精彩。愿景是一个班级的长远目标，是我们要成为怎样的老师、怎样的学生的清晰表述，是能看得见的。

有一间教室叫小蚂蚁教室。老师这样陈述：像小蚂蚁一样勤劳、团结，像小蚂蚁一样善于思考，不断创造。教室名字的完美与否不重要，重要的是它是我们的名字，是我们用怎样的生活方式把名字擦亮，让名字更丰富，更有意义。

班徽，是班级的图腾，要围绕班名进行设计，鼓励学生、家长集思广益。设计班徽的程序为：在学生、家长、老师中征集，展览、评选，集中各设计方案的优劣再进行完善，最后完成成品。

然而，明白此道理，仅仅是完成了"知"的一半，另一半则来源于实践。"纸上得来总觉浅，绝知此事要躬行"。真正的新教育或者完美教室，要紧贴那些具体的真实的教室。真正走到教室里面去，不仅仅是听一节课，而是要跟踪一周、一月、一学期……

（二）

下午，又一次打开《第56号教室的奇迹》，感受缔造"完美教室"的榜样教师——雷夫的"疯狂"：

"从早上8点钟开始一直到下午3点钟，一直在教那40个孩子，一周工作5天；每天早上6点30分到学校，为那些希望用一个半小时来学习数学的孩子们做准备。

"放弃休息和午餐时间，教20个孩子学吉他；放学后直到下午5点钟，和50个孩子一起排练莎士比亚的戏剧；每周有三个晚上努力工作，从下午5点30分开始一直到深夜；每周有两个通宵工作的日子，从深夜11点钟一直到凌晨5点钟。

"每个周末从上午11点钟到下午2点钟一直在工作；假日中的每一天都在无偿地教学生，从早上6点钟开始一直到下午5点钟。

"筹集足够经费为学生们购置物品；每年带领全班同学到华盛顿旅行一周；还要带领全班同学去俄勒冈和圣地亚哥参加莎士比亚戏剧节。"

这简单的勾勒，已经足以令我们震撼，雷夫用行动诠释了什么是"成功无捷径"。然而，这能"震"出多少行动？估计"震"出不少疑惑，特别是当你得知他这样做并不是为了成绩时，你的头脑会产生一连串的"为什么"：

他这样疯狂为了什么？名誉、职称、工资、职位？

周末无偿上课，这不是牺牲了休息时间吗？爱人、孩子不需要陪吗？哪儿来时间收拾家务、访朋问友、休闲娱乐？

带领学生外出，不担心安全吗？不怕校长批评吗？

学音乐，教数学，排戏剧，这又不是学校安排的任务，为什么还要做呢？

…………

这样的困惑合情不合理。如果是站在维护自身利益的角度来思考，都是合情的；如果站在促进学生成长的角度来思考，都是不合理的。

雷夫和普通教师相比，付出了超量的时间和精力，他有极高的音乐、戏剧素养，善于理财，重视阅读……这些都为他成为名师创造了良好的条件，但这些都不是根本，根本的区别在于他对教育纯粹的信念和强烈的使命感，别人可能只是把"一切为了学生"的理念当作口号贴在墙上，写在报告中，而他竟然将其"活"了出来。大多数人把教师当作一种谋生职业，而雷夫把它当作了奋斗的事业。他把自己当下的工作和学生未来的成就联系起来，他看重的是学生十年、二十年之后的样子，而不仅仅是眼前的考试。当他拥有了这个长远计划之后，他便能时常从当下的世界抽离自己，独自面对个人的生命长河。正因脱离了"常人"状态，所以增强了感知力、行动力和调节能力。

雷夫不是生活在真空中，也不是生活在产生大师的土壤中，校方曾多次反对，甚至扣发工资；所遭遇的外部环境也不是风和日丽，为组织游学，家庭出不起钱，还得自己打工赚钱；所走的路也并不全是一马平川，他也曾多次遭遇家人的不理解和同事的嘲笑。但他的信念从未动摇，在自身利益、家庭利益、学校利益和学生利益发生冲突时，毫不犹豫地选择了后者；在遭遇道德的两难困境时，倾听心声而拒绝盲从，遵循良知而没有臣服利益，践行了真理而拒绝虚假，选择长远利益而放弃眼前利益。为了心中的理想教育，他甚至主动从优秀学校转到了薄弱学校。

顺应大众，遵从潜规则往往是简单的，甚至是无可厚非、情有可原的；倾听心声，实现自己则是困难的，除了要放弃自身的利益，付出极大的辛苦和精力，承担一个又一个的风险，更重要的是可能会在无意中妨害他人利益，成为所在群体的"异类"，遭遇他人的不理解。而雷夫凭借果敢、智慧和行动，走过平湖烟雨、岁月山河，尝遍百味，所以才更加生动而干净。

正是有了如唐僧取经般的坚定信念，才求得真经，否则即使再有孙悟空超强的武艺能耐，也不能修得正果。雷夫与普通教师的真正区别不是技艺的高低、环境的好坏，而是是否有一颗普度众生的仁心。正是这颗仁心让雷夫焕发出了强大的工作激情，产生了巨大的力量，对每一天、每一个孩子都会是那么的新奇。而普通教师，由于缺乏这种激情，所以生命显得苍白和凄凉。

雷夫活出了教师的职业品质。所谓职业就是你要比业余者有更专业的思维和精湛的技能，而这些成就和付出成正比。冰冻三尺非一日之寒，看看 NBA 球员科比的一日训练表，你就会对其成为篮球巨星不再诧异：

每天投篮练习，投中 1000 个跳投。

5 组仰卧起坐，每组 200 次。

3 组杠铃弯举，每组 15 次。

2 组杠铃卧推，每组 15 次。

再来折返跑 20 次，20 米，休息。

投中 300 个擦板跳投。

四组弓步挺举，每组 15 次。

四组三头肌推举，每组 10 次。

2 次 800 米，疲劳后再来 5 次 400 米。

3 组小腿腓肠肌训练，每组 12 次，休息。

10 组深蹲，每组 2 次。

4 组反身腹部训练，每组 10 次。

3 组抢篮板接跳投训练。

再来10次100米跑，紧接着要投中100个罚球，休息。

4组肩部推举，每组8次。

5组韧带拉伸，每组12次。

4组器械下拉，每组10次。

4组低位划船训练，每组10次。

"你知道洛杉矶凌晨4点的样子是怎么样的吗？"科比的这句反问已经成为不少球员的励志名言。然而一些老师认为，科比的艰辛付出有巨大的财富回报，而教师有吗？做一个中小学老师，教的就那么一点知识，又不是研究卫星上天，需要那样付出吗？

如果教师真有科比那样的付出，一方面，回报是必然的，只不过内容不同，教师的付出不可能会让你成为亿万富翁、篮坛巨星，但一定会让你成为学生、家长心目中的"巨星"。很多时候，我们之所以无所成就，就是因为耐不住寂寞，患得患失，贪图眼前利益，捡了芝麻丢了西瓜。另一方面，真正的回报是自身的成长、自我的实现。人生短暂，世事无常，有生之年，能"绽放"出自身的真理性存在，能真正做一点事，幸甚至哉！再进一步讲，一个人能做自己喜欢的事情，本身就是一种回报，而不需要其他看得到的东西：唱歌就是唱歌的回报，写作就是写作的回报，认真就是认真的回报。要知道这个世界上有很多人还在抉择中挣扎。

第二种观点实则是对教师专业性的贬低，再没有比育人更精细的工作了，从普通到优秀容易，但从优秀到卓越难；教出好的考试成绩容易，但培养出优秀的人却不简单。之所以有如此认识，和我们对教育中大量的浪费和失败视而不察、听而不闻有关。

（三）

然而，雷夫与我们的"距离"比隔着太平洋还要遥远。

农村教师羡慕着城市教师的环境和收入,朝思暮想,为想方设法脱离"苦海"而苦恼;城市教师羡慕着其他职业的轻松与收入的丰厚,为职称、职务、成绩而纠结,"头脑灵活"者会精心编织一下家长关系网,为办事图个方便。

专业停滞不前,不能在教室里见证自己的强大,内心孱弱,小心翼翼地迎合他人的期望,活在他人的唾沫中。职业倦怠,人生没有方向感,终日忙忙碌碌,却迷失自己,无法将灵魂安放稳妥。

这是一个崇尚成功的时代,成功的大小与财富的多少画等号;这是一个聪明人的时代,尊奉的是与时俱进、左右逢迎;这是一个工业化的时代,追求的是批量生产,规模效益。

而教育恪守的是成长,需要守护种子,坚守岁月。每天清晨,走进教室,犹如农夫扛着锄头下田,在袅袅的微风里,锄着地、施着肥,满怀希冀地看着这一行行破土而出的嫩芽……

(四)

这一周,为了检查开学情况,我穿梭在各山村小学之间。

站在这偏远的山村小学,看到面前破旧的屋子、凌乱的桌凳和十几个灰头土脸的山里娃时,我不禁问自己,如果常年待在这里,你能如雷夫一样疯狂投入教室吗?

很难做出肯定回答,因为我无法保证能否在内心持续燃烧自己。

我们都是"病人",从他人身上都能看到自己的影子。你有一百个向上的愿望,就紧跟着有一千个懈怠的借口,但这不应该是停滞不前的理由,因为人生的意义正在于从淤泥中开出莲花。

每个清晨,翻开一本书,打开心灵的窗户,让清新的"空气"时时滋养生命,在内心燃烧自己,让生命发光!

二、正是橙黄橘绿时

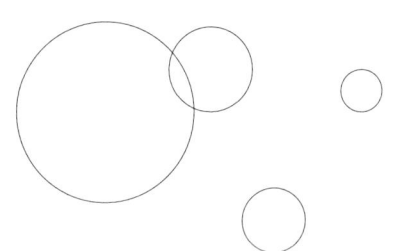

"一年好景君须记,最是橙黄橘绿时。"

北方的深秋,迷人亦醉人。放眼原野,仿佛天使不小心打翻了颜料盒,满目的朱红、柿黄、瓦蓝、柳绿……

开车在高速路上,尽享视觉盛宴。层林尽染,霜天红叶,苍翠的桧柏上挂着一串串朱红的爬山虎,仿佛佩戴了鲜红的绶带。经霜的火炬树如一簇簇火焰,绽放着生命的生机与活力。一株株高大的白杨树撒下了一地金黄,以洒脱的姿态告别这一季的生命!

正午的阳光暖暖的,穿透玻璃打在翠绿的吊兰上。翻开一卷书,泡一杯清茶,茶叶在壶中翻滚,慢慢舒展,热气缕缕升腾,婀娜多姿!

街市依旧喧嚣,生活仍然忙碌,甚至乏味,但这不应成为我们拒绝美好的理由。在世界的各个角落里,依然有人在通过自己的创造呈现着这个世界的美好。

(一)

周一,"文本解读与设计"课程再一次引领老师们达到了"高峰体验"!

魏智渊老师通过解读苏轼的《饮湖上初晴后雨》《六月二十七日望湖楼醉书》《赠刘景文》三首诗,再一次唤醒了经典诗歌的生命,达成了"临时性共识"。魏老师通过一个个问题将大家的思维紧紧聚焦于诗歌本身,深思经典诗歌之所以经典的原因及苏轼写景诗与其他写景诗的本质区别。

语言真是奇妙啊,如果没有这一个个汉字,我们怎能在今天穿越时空,去体味文字背后那个伟大"歌者"的情怀与胸襟?

真正伟大的诗人,其实一生都只写一首大诗。他写的所有诗歌,其实是同一首诗、同一首歌,唱出的,是他自己。无论是"欲把西湖比西子,淡妆浓抹总相宜""卷地风来忽吹散,望湖楼下水如天",还是"一年好景君须记,正是橙黄橘绿时",都自然流露出苏轼达观、洒脱的情怀和从容、澄明的胸襟。赏析诗歌,其实是感受诗歌背后歌者活泼泼的心灵啊!这些穿越千古的伟大诗歌通过我们的一次次吟诵和唤醒,不仅给了我们绝妙的审美体验,也潜移默化地滋养了我们的生命。

赠刘景文

荷尽已无擎雨盖,

菊残犹有傲霜枝。

一年好景君须记,

正是橙黄橘绿时。

"荷花落尽了,连曾经挺立能够遮雨的荷叶也凋谢了;菊花衰败了,虽然仍有些坚守在枝头傲对寒霜而不肯凋落。这是多么令人伤感的事情啊,但是,你一定要明白,一年中最好的景色,正是现在这橙子黄了、橘子绿了的时刻!"

儿时欢快地在青山绿水中掏鸟、摸鱼、摘杏,打谷场上捉迷藏,麦田里逮野兔,那是一段天真无邪、无忧无虑的岁月。

上大学时,运动场上叱咤风云,演讲赛上指点江山,图书馆里畅游书海,宿舍里卧谈畅聊,那是一段青春激扬、意气风发的时光。

乃至后来参加工作,从管理一个班到一个年级,工作地点从黄土高原"流浪"

到南海小岛……

然而，这些犹如荷菊一般已经过去了。

过去，就过去了，不必遗憾，不必眷恋。"一年好景君须记，最是橙黄橘绿时"。

当下，乃是一生中最美的时光！

（二）

人是活在时间中的。

相对于空间而言，时间对人有更深层次的意义。人的出生地点（空间）虽然会影响其成长的教育环境，但对人而言这并不是本质的，他可以在以后通过学习、旅行弥补其不足。但出生时间对其就影响大了，如果我早出生一百年，就不可能体验到今天汽车、电脑、手机等现代化工具的便捷；如果早出生一千年，就读不到宋词和那么多经典书籍了。出生日期不仅限定了我在时间中的位置，也限定了我所可能选择的路径。今天，我有可能到其他空间，但绝不可能回到过去或者跨越到将来；今天我的处境和可能性，很大程度上是由我过去的经历所决定的，而与远方发生的一切基本无关。

动物和植物仅靠物理时间而生活，一年又一年，一个年轮又一个年轮，它不会有意识总结学习过去的经验与智慧，更不会有预见地谋划未来。但人不同，人除了生活在物理时间中，还生活在心理时间中。等人、候车的时间，如果仅仅用来焦急等待，那么将感觉枯燥而漫长，但如果用来读一本喜欢的书，那么将感觉宝贵而短暂。

时间对于一个人的意义并不仅仅取决于长度，而取决于事件的重要性，取决于生命体验的深度与广度。

如果一个晚上仅仅是漫无目的地在网上闲看，那么这段时间将慢慢消失在记忆中而成为一段空白的体验；而如果是在"高人"的引领下，解读、感悟到了苏轼诗歌的魅力，进而体悟到诗歌里蕴含的活泼泼的心灵，兴发感动，超脱于烦琐、庸常的尘世，感到世界的光明、温暖，增强自己面对当下的信心和希望，那么，这段"高峰体验"就对你有非同寻常的意义了！沉浸在音乐、舞蹈、绘画等艺术中，专注于创作和创造，陶醉在恋爱中，因体验之深、感受之真，皆为生命中的"高峰体验"，这些时间会成为生命中"凝固的波涛"而历久弥新。

时间也是可以压缩的。

很多时候为了完成一项重要且有难度的任务，需要你在短时间内调动全部能量，高密度、高强度、高品质地完成它，这就是对时间的压缩，在平常状态下，这可能需要花费很长时间才能完成。在海南时，我听完大学生的课后，思维活跃，为了及时记下课堂感受，常常心无旁骛，专心致志，伏案连续工作四五个小时写出五千字左右的听课心得，给大学生的二十多封信基本上都是在这种状态下完成的。这种在较长时间内专注的品质其实来自刻苦的训练，如果习惯于在短时间内调动全部生命力量攻克一件事，那么，工作的品质和效率将大大提升。很多工作品质低的人不是压缩时间而是拉长时间，如果无法做到长时间地专注于一件事，就会形成浮躁、拖沓的习惯。有的人加班加点，貌似很辛苦，其实就是由工作缺乏计划、效率低而造成的。

原来在海南工作时，环境安静且干扰少，所以有大段时间聚焦于一件事，而现在则不同，环境嘈杂且干扰多，思维经常被外界干扰中断，为了做到能继续专注做事，我从两个方面开始有意识地训练：

一是迅速切换思维的能力，如在写一篇文章时，可能会突然接一个电话或者接待一个朋友，那么在做完事后，要求自己迅速把思维拉回文章中来，而不受其他事的干扰。

二是充分利用"暗时间"，"暗时间"简单地说就是思维的时间，也就是没有产生直接成果的时间。走路、买菜、洗脸洗手、坐车、逛街、出游、吃饭、睡觉，所有这些时间都可以成为"暗时间"，你可以充分利用这些时间进行思考，反刍和消化平时看和读的东西。写文章时，可能突然需要去取一个文件，那么，在去取文件的路上，大脑依然保持写文章的思维状态；有时突然通知参加某一个会议并要求发言，那么在去的路上，就开始思考发言的内容，等抵达会场后，发言提纲就基本成形了。

（三）

人与动物和植物的另一个不同是，人能超脱于当下的时间，"瞻前顾后"——往前想象将来的自己，往后回想过去的自己。正因为这样，人才能以特定的方式控制和使用时间，有意识地指导自己的生活，从而朝向自由。

但随之可能会出现一种消极的生活态度——逃避当下，寄希望于虚幻的未来，而逃避当下的责任与选择。尤其是当工作倦怠、失去方向感、生活单调空虚时，往往会将心思从当前移开，转向未来。不专注于当下的教室或课堂，而是设想将来换了好的环境时，再重新开始；不想办法挤时间读书学习，而是想等暑假或寒假空闲时再开始。

久经世故的人往往会生活在过去，而涉世不深、阅历浅的人往往会生活在将来。不管是生活在过去还是将来，都会造成自我与现实的分离，从而加剧内心的空虚、浮躁、盲目。

人要学会生活在当下，生活在当前时刻的现实之中，因为当前才是我们拥有的一切。即刻就出发，永远都不晚。生活在当下就是要体验到自我的存在，活出存在感。直接面对当下问题——职业的倦怠、知识的不足、行动的不果，并及时做出明确的选择；要勇敢承担起相应的责任——一所学校、一个班级、一个家庭，甚至仅仅是一个孩子。

从更深层次来说，生活在当下涉及信念、勇气、自我认同、内心完整……

不管怎样，一年好景君须记，最是橙黄橘绿时！

三、涌现

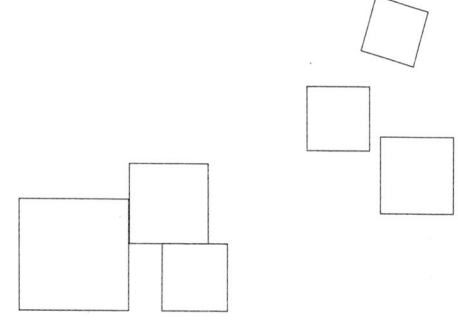

"班会"延迟了。

一不小心,延迟到了"光棍节"。

周四以前调动全部能量准备课程,讨论完《教育人类学》,就像结束了一场战役,能量消耗太多,随后的日子就到乡下学校检查工作。所以,难以聚集起新的能量投入到写作中,也找不到写作状态,虽然念兹在兹不时有写作冲动,但不能及时捕捉,许多思屑也就旋起旋灭,终成幻影。

但从根本上来说,这都是借口。

写作状态取决于生存状态,当生命缺乏深度,就像油纸伞的雨滴四散随意滑落时,也不要指望能烙印下什么痕迹,也不可能有真理的涌现。

存在的深度决定了思维的深度。为什么读不懂那些有价值的经典诗歌?不是理解力和方法的问题,而是存在的问题,存在缺乏深度。正因为如此,我们很容易把汪峰在演唱会上的表白当作优美散文来欣赏(当然,我不熟悉其情感历程),把恒大的夺冠仅仅当作谈资来讨论,更不能理解"十年生死两茫茫,不思量,自难忘"中凝聚着古人怎样的情与思……

好在,这不是全部人的全部。

本周,散落在四面八方的新网师人依然在自己的生活空间里,沉浸,思索,豁亮,涌现。

（一）

江城子

十年生死两茫茫，不思量，自难忘。千里孤坟，无处话凄凉。纵使相逢应不识，尘满面，鬓如霜。

夜来幽梦忽还乡，小轩窗，正梳妆。相顾无言，惟有泪千行。料得年年肠断处，明月夜，短松冈。

遭遇一首诗歌，就是存在真理的一次涌现。

如果一首诗是存在真理的话，与一首诗共鸣或进入一首诗歌就是让你的生命处于真理状态，唤醒你的存在。

苏轼的《江城子》是一首名篇，众所周知，耳熟能详，但太熟悉了，再美的诗也容易被遮蔽。

周一，《江城子》的解读和鉴赏，引发了大家的共鸣和争论。

特别是讲师提出苏轼"短于情"时，引发了大家的不解：如此深情，何言情短？

讲师说，"短于情"并不是说苏轼的情感不真挚、不真诚，而是作为主观诗人的东坡，没有李煜、纳兰性德对情感的那种沉溺。他记梦，但于梦又保持了一种距离感，他对亡妻有追忆、思念、痛悼之情，但他又不陷入具体情感中，而是能自然超越到更高的情感中。

这是一首情感涌现式而不是精心雕琢式的诗歌，十载茫茫，人世沧桑，阴阳相隔，千里之遥，日常隐匿内心的情感因一场梦而触动，霎时，思念、感伤、孤寂等多种情感交织，如江河崩溃，一泻千里，喷涌而出。

情真。

诗歌通过多重强烈对比（远近、生死、"正梳妆"对"鬓如霜"等），形成了强烈的艺术感染力，涌现出一种存在的真理：破碎感、孤独感、消逝感，以及回首之际定格在远方的美。然而，和一般的悼亡诗相比，这首诗歌除了诉说对亡妻的思念，潜在地或更本真地还流露出对岁月流逝的伤感——十年生死两茫茫，尘满面，鬓如霜。

东坡因梦而感发，但对梦境高度概括（小轩窗，正梳妆。相顾无言，惟有泪千行），即使写自己，也是一笔带过（尘满面，鬓如霜），他的情感并没有一味沉溺在悼亡的伤感中，而是自然进入更高层次的思考中（生命的无常）。这种不粘于事的洒脱情怀，正是苏轼的生命特质，苏轼才华横溢，对人和善，但以自我为中心，懂得欣赏，懂得用情，懂得珍惜，这样的生命特质，对于这首诗歌来说，可能一定程度上构成了对存在感的遮蔽（不如《古诗十九首》等更质朴、豁亮），但也正是这样的特质才使他在一生百转千折的跌宕中始终涌动着生命的生机。

而作为后人的我们，欣赏这首诗歌，不仅仅领悟了东坡对亡妻的追忆、思念之情，更是引发了我们自身的存在感：岁月的流逝，人事的无常，美好的不可挽回……

（二）

而我，在周四的课程中，经历了另一种涌现。从周一开始，整整四天沉浸、纠结在《教育人类学》前两章中。相关章节虽在去年已经深度阅读并分析，但而今仅留下一些粗浅印象。字面意思是很清楚的，但仅仅读懂了字面意思，等于什么都不懂。教育总是脱离不了与其相对应的社会历史。德国近代史的特征是什么？在教育方面造成的突出问题是什么？不同的教育家又分别开出了什么"良方"？价值何在？有何局限？对当下又有什么启发？……围绕一个个问题，再一次细读2010年和2011年授课记录。

最艰难的是探究狄尔泰生命哲学中的三个概念："体验""表达""理解"。明知其价值巨大，但不得要领。书中的分析寥寥几句，虽浅显易懂却未能详细阐述。

最笨的办法往往也是最有效的办法。我重新找出过去下载的相关论文和著作，反复阅读，互相联系，举例印证，和书籍反复对话，直至许多问题能自圆其说。在经过长时间的沉浸后，"蓦然回首，那人却在灯火阑珊处"，犹如天启灵光般，几个概念终于能打通了。

我发了一则微博描述当时那种历经幽暗、困惑而豁然开朗的感觉：

> 聚焦几个概念，不断深挖、扩延，犹如把一颗颗茶叶慢慢泡开、舒展。忽感几个概念间忽隐忽现、稍纵即逝、蛛丝马迹般联系，奋力抓取，揪住。跃身于一个高度俯视这种联系，拂拭浮尘，苦苦思索，不断在模糊之旅探寻。
>
> 感觉找到了方向，但不知何时抵达。
>
> 猛然轰响，霞光扑射而来，贯通了！

我真切体会到，只有全身心卷入课程，精心撰写讲义，认真组织讨论，方能涌现"高峰状态"。有此过程，才真正理解《教育人类学》的内涵，真正理解自己。如果知识与自我分离，与实际隔绝，那么，知识不仅不会唤醒我们的真理性存在，反而会成为一种遮蔽，妨碍生命的本真。

博尔诺夫说，人是在对"历史的贡献"中发展自己的。人需要不断挑战，不断探索未知的领域，或者是一项崭新的工作，或者是到更高层次学习，或者是处于更高职位，或者是面对一本难啃的书。在一次次挑战中发展自己，而在此发展中，也才能不断发现自己，理解自己。

如何成为自己、显现自己？除了活在当下，还要不断创造。许多老师长期从事教育工作，教好几届学生，带出几批优秀的学生，逐渐满足于现状，虽然工作可能继续优秀，但自身没有发展。这时就容易消极、倦怠、心生抱怨，或生活在别处（旅游、购物、麻将等），然后就逐渐形成了自我认可的"平凡的我"。

当生命遮蔽时，无法涌现时，就呈现出"非真理性存在"状态。

（三）

无独有偶，网名叫"友风且子雨"的老师则因遭遇李商隐而让生命"涌现"。

11月9日,"友风且子雨"老师主持的"每日一诗"之"一束幽光玉谿生系列"结束了。

一个月的日日夜夜里,沉潜在一首首短短的诗词中,涵泳、咀嚼、联想、还原,一个个蒙尘已久的文字逐渐焕发生机,散发出迷人的气息,传递着古人内心深处细腻而扑朔迷离的欣喜、忧伤、感怀、惆怅。

本想鉴赏一组诗歌,却不小心遭遇了一个人。

原本为唤醒这些文字,却不小心触碰了自己的心弦,唤醒了自己的存在:

我在新网师学习了二年半,常常是那群里最沉默的一个,游离于新网师专业学习。而这一次,我真正全身心投入"每日一诗"。每天早早起床发布课程,关注空间动态,和学友们互动交流,我确实感觉到作为新网师人的真正存在。同时,我在诗词方面更有兴趣和信心,也更起劲学习"诗词文本解读"和"文本解读与设计"这两门新网师课程,不再是个新网师边缘人。

这一个多月里,每天都在读玉谿诗歌。晚上有时读累了,就到学校操场上去漫步,抬头望无垠的星空,心里默想玉谿诗歌,寻找其中最亮的一颗星星,仿佛那就是玉谿的灵魂,有种"心有灵犀一点通"的奇妙感受。

(选自"友风且子雨"老师的课程结语)

人是在不断创造中理解自己的。

德国哲学家博尔诺夫说:"人是通过对历史的贡献而创造性地发展自己的,同时又是在其本质的不断发展中被理解的,人并不是仅仅存在于历史之中,而且是在历史中发展成长的。"

李商隐在不断创作诗歌的过程中发展了自己,理解了自己,成了诗人"李商隐";"友风且子雨"老师在呈现"每日一诗"的过程中也发展了自己,重新理解了自己甚至人生:

人生是不圆满的，而人却有追求圆满的理想。于是乎，玉谿诗那追寻与失落的交织，那绵绵的怅惘如失之感，深深缠绕在每个理想追求者的心灵上。当玉谿宽厚道出"天意怜幽草，人间重晚晴""夕阳无限好，只是近黄昏"时，给千古人间心灵多少慰藉，如此之真挚，如此之美好。

与"友风且子雨"老师不同，讲师刘广文在诗词中是另外的"遭遇"。本周，诗词解读课程群聚焦温庭筠的《商山早行》和辛弃疾的《西江月·夜行黄沙道中》，讲师试图通过分析解读，让学员领悟两首古诗涌现的存在状态。课程讨论结束后，刘广文意犹未尽，很快整理出了数千字的综述。

"新网师电影院"则在"高堂明镜"和"涅阳郡主"两位老师的带领下，聚焦电影《爱丽丝梦游奇境》，探讨爱丽丝神奇的遭遇，领悟其成长的真谛，进而反思现实，洞察我们自身的存在。

（四）

几天酝酿，当文章接近尾声时，窗外，夜幕沉沉，灯火阑珊，万物沉寂。

而夜幕中分明已经涌动着大地苏醒的气息。

人，亦须不断保持省察，让存在涌现，否则，容易沉沦而浑然不觉。

写作唤醒心灵，文字显现存在状态。

你听——

"鸡声茅店月，人迹板桥霜。"

那寂静中极脆的声响，那浅霜上第一行足迹的孤独，不是已经触动起你的情绪吗？

何人不征客，何人不早行……

四、我在这里

一周内,大脑始终思考着几个关键词:简报、危机、遭遇、信任、人格统一性。

新网师的同学们,也在各自的世界里忙碌、操劳。

"车行天下"老师早出晚归,疲惫不堪;李亚敏"取经"回来,马不停蹄参加了桥西区第四届小学语文低段教学研讨活动;"六等星"老师则沉浸在诗词解读中,体验着豁亮的感觉;"绚之平淡"老师是新网师最勤奋的人,依然每天早早起床,孜孜不倦地阅读、思索,在工作中吸取力量,超越自我;"飓风"大姐依旧激情燃烧,工作到深夜,为失而复得的课件悲喜交加;吕诗凡老师参加了三天小语年会,听了11节优质课,过了三天"开心、紧张、狼狈、收获满满"的日子;"如一"老师经历了地震的紧张,好在有惊无险;"玄鸟歌唱"老师则在与身体的不舒服作斗争……

23日,新教育萤火虫公益项目启动两周年纪念日活动,项目主持人童喜喜的一段致辞打动了我:

今天本应该是我离开的时间。

其实说句真心话……这两年之中……我无数次想到过要离开……但是现在,我想要告诉大家的是:

任何时刻，任何人，只要他（她）愿意并且能够把新教育萤火虫的工作做好，我随时随地恭迎，并且尽全力辅佐。

然而，在这样的人到来之前，还是我今年夏天在"萤火虫之夏"庆典里说出的那四个字：我在这里。

我会一直在这里。和大家在一起。一直，努力下去。

....

我今天有八个字要和大家一起分享：腐草为萤，生生不息。

我希望我们不仅仅能够"点亮自己，照亮他人"，而且，哪怕自己一再被现实摧毁至腐烂，也能凤凰涅槃般重新飞翔，振翅为萤，能够一直把这种生生不息的力量，传递下去。

"我在这里"，传递出的是一种担当精神、一种自觉的责任意识，而其背后是一种对自己生命乃至对这个世界根本的信任和希望。

记得暑假在罕台时，晚上，与谟祯、刘广文、"车行天下"、薛海波四位兄长同住一室，互相一打听，非常巧合，都是"70后"。非常有意思的是，在新网师中，"70后"也是主体。

说偶然，其实也必然。

生于20世纪70年代的人，经过了青涩的少年、葱茏的青年，已经逐渐步入成熟的中年了，大部分人在职场中处于一种尴尬的不上不下的位置，过着平淡的生活，羡慕着一端，同情着另一端。大部分"60后"不熟悉网络，"80后""90后"则更多地享受着现世的富庶与喧嚣。而"70后"，则逐渐深感时间的珍贵、岁月的无情和自身力量的有限。一部分人，在机遇与努力的双重作用下，赢得了同龄人羡慕的平台和位置，生活事业风生水起；另一部分人，在奋力挣扎中，深感现实的残酷、个体的微弱、人情的冷漠、世态的炎凉，变得或愤世嫉俗，或玩世不恭，既然生活以痛吻我，我则以荒诞对之。而更多的一部分，则利用宝贵的时间，在生活坚硬的缝隙中，奋力开拓，努力找寻自我，提升自我，希望看到生命新的可能性，起码赢得一个将来的不后悔。

于是，一部分喜欢阅读，心有不甘的老师在网络的流浪中，机缘巧合，相聚到了新网师。

于是，有了日日夜夜、天南地北各自守候在电脑前的共读、共写、共同生活。

（一）

"我在这里"——向世人昭示了一种责任意识和担当精神。

有的责任来自岗位要求，有的责任来自合同契约，有的责任来自薪水报酬，而有的责任来自内心的良知。既然承担了，就要全力做好；既然答应了，就不能私自爽约。虽然已不在约定范畴，但在没有合适人选之时，依然尽职尽责，全力以赴，不会让工作因各种外界原因而降低品质，乃至停滞。

在这个"天下熙熙，皆为利来；天下攘攘，皆为利往"的社会里，能做到这一点并不是一件容易的事。

在新网师，我曾数次提出辞去讲师的请求，因为我一直坚持认为，己立立人，己达达人。如果我的生命不能持续提高，不能闪闪发亮，就不会照亮他人，待在这个位置上，只会损害新网师卓越的品质；但同时，我每次也都补充说明，如果没有合适的人选，我绝不会随意撂下担子。新网师是我生命中重大的"遭遇"，朱永新老师是我生命中的"重要他人"，新网师有困难，朋友有困难，我要义不容辞地担当起来，而且竭尽全力做好。

在我当下的工作中，主要职责是管理、指导大学生在农村学校的实习支教，某种程度上，管理的成分更多一些。但我觉得，既然做了这份工作，担当了这份职责，就理应全力以赴做好，理应让同事和学生因我的存在而更幸福，因遇见我而成长、提高，而不仅仅做一个"维持"队长——轻轻松松不干事，平平安安不出事。所以，除了加强安全的底线，我挖掘各种资源，协调各种关系，加强实习大学生的岗中培训，争取让大学生有更多的锻炼平台和成长机会。同时，我组织了"相约周末"共读活动,旨在为指导老师搭建一个互相学习、交流的平台。

说到担当精神和责任意识,不禁想起在新网师我比较了解的原卫华、"玄鸟歌唱"、吕诗凡老师。原卫华老师负责《啃读者》的美编,由于种种原因,很多次我把定稿交给原老师时,距离出刊的时间已经不多,但每一次原老师都加班加点毫不拖沓并高质量地完成美编工作。"玄鸟歌唱"老师曾经义务为我校对每周"班会"稿件,记得一次我在周五的零点左右将初稿发过去,没想到"玄鸟歌唱"老师还守候在电脑前,就为了等我的稿件,以免耽误了周末的发布。第二天早晨,我打开电脑,稿件已经校对修改好。更让我感动的是,有一次,他身体不舒服,我都不好意思麻烦他,但他还是义不容辞地校对了稿件。吕诗凡老师担任我主持的课程的组长,每次上课前,他都会提醒大家开课时间及注意事项,即使有事不能参加课程研讨,他也会想方设法下载研讨实录,及时整理出来……

在新网师中,类似这样的老师和事例还有很多。

(二)

"我在这里"——这是一个大写的人对这个浩瀚宇宙的庄严宣言,是个体的我对这个未知世界的信任和希望。

当我们来到这个世界的时候,生活在一个封闭的世界中,在母亲的怀抱中,在家庭的呵护下,会感到这个世界是那么祥和、安全、纯真和值得信赖。但随着年龄的增加、阅历的丰富,封闭的世界逐渐被打破,你会看到世界丑陋的一面,体会到自身存在的不安全感和孤立无援的失落感,从而丧失对这个世界的根本信任,很容易成为对现实的批判者、虚无主义者,或愤世嫉俗,或玩世不恭,许多人一辈子都徘徊在这个阶段,无法重新找到新的安全感,失去人生的方向,或者在人生正确的方向停止了持续发展。

人,需要不断建立对这个世界的根本信任。

真正的安全感源于对世界的根本信任,源于对自己的绝对信任。"只要上路,总会遇到隆重的庆典",这种信任不是对某个具体结果的相信（任何具体的愿望都可能因种种因素而落空），而是对自己生命的绝对相信。对自己生命有坚定信仰的人一定会有所成就，只不过未必是在现在希望的方向上有所成就。

根本的信任是存在主义之后的信任，即笼罩着绝望感的、洞察了世界以及人性之后的信任。"我看透这个世界，但依然爱它。"

> 当蜘蛛网无情地查封了我的炉台
> 当灰烬的余烟叹息着贫困的悲哀
> 我依然固执地铺平失望的灰烬
> 用美丽的雪花写下：相信未来
>
> 当我的紫葡萄化为深秋的露水
> 当我的鲜花依偎在别人的情怀
> 我依然固执地用凝霜的枯藤
> 在凄凉的大地上写下：相信未来

上周，邀请两位好朋友（均为非常优秀的教师）为一个乡镇的百余名年轻老师做培训，两位朋友从亲身经历分享了做班主任工作的体会。讲座引起强烈反响，但我估计响应者众，应召者少，真正难学的并不是那些教育教学中的"术"，而是他们话语中不经意流露出的对教育的信念和对教育事业念兹在兹的爱。

生活中，不缺乏批判者，而是缺乏建设者；不缺乏探索者，而是缺乏坚守者。一个内心充满根本信任的人，不再愤世嫉俗、悲观丧气，不再怨天尤人、麻木不仁，但也不盲目乐观、踌躇满志，以拯救苍生自居。他深知在这个世界上真正做成一件事的艰难，真正改变一个人的困难。他深知个体的渺小和自己的局限，他只是遵从内心的召唤，领悟自己的天命，知全守份，用持之以恒、扎扎实实的行动来绽放每一天的生命。相信岁月、相信种子是他内心秉持的不二信念。多年以后，怀疑的人早已经死去，相信的人还在路上。

（三）

今夜，栖居在北国的小城，看着夜幕中远处街道两旁点点杏黄的灯火，寒风从窗缝里渗入，冷飕飕的。树叶已枯黄，在寒风中翩翩曼舞，抖落一世的繁华，回归泥土的怀抱，拥抱长夜的沉寂。

地球的稍稍侧身，就带来了昼夜的更替，四季的变化，带来了人心的或喜，或悲，或沉思，或感慨……

而正是思维，让人与其他万物有了本质的区别，让人不再仅仅局限于有限的空间，从而开始探索宇宙浩瀚无穷的未知，探索奥妙的内心世界。

纪伯伦说："我的心灵告诫我，它教我不要用我的语言——'在这里''在那里''在更远的地方'——去限定空间。在心灵告诫我之前，我立于地球的某一处时，便以为自己远离了所有其他地方。可是现在我已明白，我落脚的地方包括一切地方，我所跋涉的每一段旅程，是所有的途程。"

浩瀚宇宙，洒落在地球上的个体宛若尘埃，但我知道，当我们向着苍穹庄严承诺"我在这里"时，我的内心已经——

拥有了整个宇宙！

五、让每一个日子都清澈而饱满

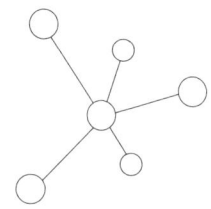

亲爱的新网师老师们：

新年好！

南国白雪皑皑，北国蜡梅绽放。

在 2019 年新年第一天的清晨，我在山西忻州向您致以节日的问候和新年的祝福！真诚祝您和家人在新的一年身体健康，阖家幸福，万事顺意！

却顾所来径，苍苍横翠微。

在过去的一年里，新网师开设了一系列高品质的课程，涉及心理学、教育学、文本解读、儿童阅读、教育技术、班本课程、家校共育等；与超星公司合作启用了学习通 APP 新平台；定期编辑出版内容丰厚的《新网师周报》；新网师微信公众平台保持每天发布高质量的文章；每天有近百名老师发布阅读打卡；启动了"榜样教师进新网师"活动，近二十位名师在"新网师大讲堂"作了高质量的专题讲座；我开始撰写"新网师一周观察"，目前已经写了十二周；新网师与四川省旺苍县签订合作培训协议，将建成新网师第一个线下培训基地；举办了隆重而朴素的秋季新网师开学典礼……

在过去的一年里，朱永新老师非常关注新网师的发展，并在幕后全力支持；李镇西老师除了把握整体方向，百忙之中还坚持在新网师授课；新教育研究院全力配合，给予资金等方面的鼎力支持；各位讲师兢兢业业奉献了高质量的课程；

新网师教务长郭良锁、院长助理王兮以及各课程组长、微信号编辑等老师都默默无闻地为新网师付出了大量的精力和汗水。

在过去的一年，新网师涌现出一批热爱学习的优秀学员：有边照看孙子边学习的李红霞老师，有坚持120天写下13万字打卡日记的程景轩老师，有每次听课都画出高质量思维导图的方娇艳老师，有"在新网师遇见更好的自己"的鲁正群老师，有协助我担任讲师助理的翟小洁和张海英老师，有来自云南勇猛精进的穆勒滚老师，有唤醒自我的李霞和王红老师，有诗学积淀深厚的徐明旭老师，有每天阅读和写作的刘玉香老师……

人生最美是相遇。

让我最开心的是许多老师说："过去的一年，最重要的决定就是遇到了新网师。"这是所有新网师老师努力的结果。

虽然如此，我也知道新网师还远远不是理想中的模样，未来依然可期。

我们还需要汇聚更多真正热爱知识者，形成一个个自运转的"学习部落"；运行系统还需要升级完善，让信息快速流通；课程的品质还需要持续提高，让每次授课成为师生共同的"明亮时刻"；旺苍县的新网师线下培训基地要稳步推进；寒暑假线下高级研修班要择机开启；还需要涌现更多更多"身怀绝技"的优秀教师……

这一切的关键取决于——我们是谁。

我们站得有多高，就能看到多远；我们有什么，就能看到什么；我们是什么模样，就能吸引来什么样的人；我们怎样对待自己，就怎样对待世界；我们有什么变化，周遭环境就会有什么变化。

新的一年，让我们先确立一些小的目标，从小的事情做起，让自我增值，比如：每天至少读书半小时，尝试学习一种新的语言，学习一项新技能，反省自己的局限性，向你佩服的人学习，减少看手机的时间，培养一个新的习惯，开启一项体育运动，等等。

岁末年初，时间又喧嚣起来，朋友圈传递着各种祝福，飘浮着各种金句、感慨、回顾与展望。当时间拂去语言的泡沫，让我们在新的一年，用真实的行动拥抱真实的世界，潜入真实的学习，接受真实的挑战，让每一个日子都清澈而饱满！

六、唯有创造不负此生

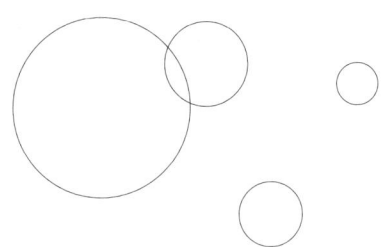

本周,新网师晨诵诗歌正式上线了!

这是新网师继恢复"微信公众号"、使用小打卡、编辑《新网师周报》、撰写"新网师一周观察"之后又一项新举措、新版块。

之所以有如此举措,源于前几天一个想法:既然新教育倡导中小学开设每日晨诵课程,为什么新网师不可以开设呢?新网师开设晨诵诗歌,一方面,秉承新教育文化,用诗歌开启黎明,用诗意润泽人生;另一方面,丰富新网师文化内涵,提升课程品质,为诗歌爱好者提供交流学习的平台。久之,晨诵诗歌甚至可以出版为新网师教材。至于谁来做,我倒是不担心,因为新网师学员中藏龙卧虎、人才济济,关键是方向明确。平台搭建好了,高手自然会涌现出来。近十年来,新网师还从来没有出现过招募不到高人的现象。

我在新网师大讲堂群发布了从学员中招募晨诵诗歌主持人的公告。很快,安徽天长市实验中学徐明旭老师就表示很感兴趣,并发来一篇诗歌赏析的文字。我一看,嚯!高人来了。我虽然不是很懂诗歌,但还是能感觉到其诗学底蕴之深。接着,四川成都石室初中的陈天天老师也加入进来,接下来一切就顺理成章⋯⋯

我在朋友圈转发"新网师晨诵"开篇辞时,加了一句话:唯有创造不负生命,不负岁月!

没有创造,生命的意义感就会匮乏。回顾我的工作生涯,在高中教书的十年间，基本没有什么创造，教学瞄着应试，教育等同管理，除了为备课而读一些教学参考书，基本上很少阅读，很少写作，很少有真正的创造；领导布置什么任务，我就完成什么工作，上班教学生，下班与朋友们玩；当时觉得这就是理所应当的人生，也没有什么不妥。只是若干年之后，当初入职场的新鲜感逐渐消退，工作热情开始慢慢衰减，教育教学中的许多问题又无法有效破解时，职业倦怠感开始滋长蔓延。而今回头来看，倦怠感的产生主要是因为工作缺乏创造。

意义感也是不断变化的。刚参加工作时，每月底到财务室领工资时，很有获得感，工作的意义在于赚取薪水，减轻父母的负担。后来，看到所教学科成绩排名在前时，很有成就感，工作的意义来自与其他同事的比较中；再后来，当有学生和家长致谢时，很有价值感，工作的意义来源于学生因我而成长、家庭因我而改变。然而，如果缺乏基于内在成长的创造，来自外在的意义感就会逐渐衰减。因为没有成长，就很难有新的创造，在教育教学上难有新突破。思维受局限，世界就固化了。

一次偶然，我离开中学，带着几十名大学生到海南五指山黎苗族乡村学校实习支教，我与一批批青葱年华的大学生共读经典、编辑电子杂志、研讨教育电影、研究课堂教学、编辑《工作周报》，周末一起包饺子聚餐，打球、郊游、烧烤……两年多的时光，因不断创造而获得新的意义感，五指山的小学生学习成绩提高了，大学生教学能力提升了，学院在当地的口碑树立起来了……

为什么在五指山实习支教时能不断创造？关键是我参加了新网师学习，几年的学习沉浸，对教育、教学的认识以及职业认同等发生了根本性变化，说到底，是自我发生了裂变。我把新网师的做法搬到了实习支教工作中。比如，我在新网师参加经典共读课程，我就带着大学生也共读经典；新网师每周有"新网师一周观察"，我就定期给大学生写信；新网师办《啃读者》电子杂志，我就在实习支教队编辑《工作周报》；我在新网师参加构筑理想课堂课程，就带着大学生进课堂分析研讨；新网师倡导"共读共写共同生活""构建学习型共同体"等理念，我就在实习支教队践行这些理念和文化……

回头来看，当时的创造其实是模式的迁移、方法的嫁接。创造不可能凭空而来，对于大部分教师来说，没有异质因素的介入，没有自身的成长，没有日常点点滴滴的积累，没有长时间念兹在兹的沉浸思考，哪能有创造！

没有成长就没有创造，反过来，没有创造怎么能有成长？成长与创造其实是一回事。我们说创造，本质上是说成长。创造为什么对于成长很重要？因为创造塑造思维，思维决定成长。心理学家都认同思维对个体成长的决定性作用，但熟谙心理学者不会希望通过改变个体的思维（理解、认识）来改变其行为，而是通过改变个体的行为来塑造其思维。一个人正是在不断的行动中实现自我教育：重新理解世界，重新认识自我。

什么是创造？对于普通教师来说，创造不是非得做前无古人后无来者之事，不是刻意一鸣惊人，不是一定要惊天动地，而是点点滴滴的新尝试、新突破、新探索。

对于习惯做笔记的读书人来说，第一次画思维导图就是创造；对于很少动笔写作的老师来说，能静下心来书写就是创造；对于经常忙于开会、检查的校长来说，带领老师们专业成长就是创造；对于忙碌于备课、讲课、批改作业的老师来说，带领孩子们精心美化、绿化教室，也是创造。在孩子生日的时候，给其写一封信，是创造；精心给学生组织一个生日仪式也是创造。创造就是突破自我，就是创造意外，就是主动承担，就是挑战不可能，就是向这个世界绽开一朵灿烂的花！

正是在创造中，你不断汇聚志同道合者，不断遇到高人，最终遇到自己。新网师就是要会聚越来越多的创造者，会聚教育中各方面的高手，或者是能深刻解读经典，或者是擅长演讲，或者是能精准应试，或者是技术达人……我们在一起彼此学习，碰撞精彩，各美其美，美美与共。

新网师的文化是什么？是扎根现实主义土地上的理想主义。如果我们博览群书却不能解决教室里的问题，如果我们高谈阔论却没有让课程发光，如果我们只是瞄准公开课、论文等外在的声名、利益而没有让学生真正成长，如果我们只是读书写作而没有实实在在的创造，那么，新网师就会成为这个浮躁社会的一叶浮萍，喧哗一阵随风而逝！

浩瀚宇宙，日月轮回，个体渺小如沙粒，倏忽而过，终究虚无。

人生百年，最长也不过三万多日，在虚无中创造意义，也许，唯此才不白活一回。

新网师晨诵上线了，谨以此篇表示祝贺，并深深期待……

七、做一只鲎龟吧

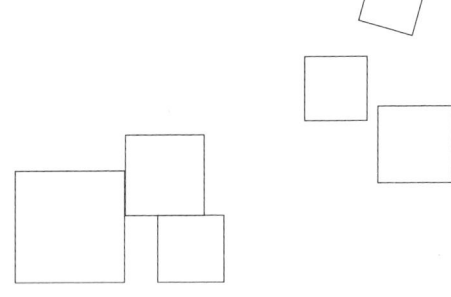

（一）

本应上周六写的"一周观察"延期了。

理想的状况是严格管理好时间，雷打不动每周六准时发出，我也努力想如此，但这的确是"理想"而不是现实。

因为新网师只是我常规工作之外的一项额外任务，而不是全部。

本职工作和意外发生的事情常常会打乱预设的写作计划。而写作又是一项与其他搬桌子、跑腿办事等不同的脑力劳动，花费时间和精力特别多，对内在状态和外在环境要求特别高。要写一篇满意的文章需要较长时间保持情绪稳定，心无杂念，精神集中，环境安静，某一项因素发生变化，就会影响思路，中断创作。我写一篇3000字的文章，从酝酿、构思、初稿、打磨，通常需要五六个小时，甚至更长。如果是写标准更高的文稿，时间和精力会花费更多。

上周之所以没有按时发出"一周观察"，主要是因为给单位写一份特别重要的文稿，几万字的文稿，改了15稿，整整一周写得昏天暗地，连续几天都是凌晨下班。中间还给《中国教育报》和《中国教师报》写了两篇约稿。这样的情况下，再要写出高质量的文章，就很难了。而对"新网师一周观察"，我又不愿意应付，所以宁缺毋滥。

计划好的事情不兑现，就像失约一样，有一段时间我还比较纠结。但这几天也释然了：非连续性、偶然性，也是生活的本质和常态，不应该把它看作可以避免的麻烦，而应该纳入考虑之中，这也是生命的养料。就以平常心对待吧。

（二）

5月底，在太原举办的"新网师构筑理想课堂高级研修班"筹备工作正紧锣密鼓地进行。报名已经结束，即将开展联系车辆、制作海报、购买物品、统计名单等一系列琐碎而繁杂的事务，好在有郭小琴老师的帮助，节省了我大量的精力和体力。高研班与其他培训有一显著不同之处：其他培训会，参加者平时并不熟悉，而高研班则类似于同学相会，所以除了研讨的功能，还有会聚的意义。作为一个虚拟网络的学习共同体，这种线下的会聚格外必要，格外重要。

关系先于教育。

有效的教育建立在师生、生生润泽的关系之中，没有彼此的熟悉、信任和认同，就很难有高质量的沟通和交流，就很难有深度学习。信任才有力量，新网师十年的发展证明：自身的收获、变化与对新网师的认同度、参与度和交往度成正比。

这种认同，不仅仅是口头的态度而是实实在在的行动；这种参与，不仅仅是课程学习而且是方方面面的，如做新网师的各种义工，参与线下学习等；这种交往，是指与讲师、组长以及其他学员的交流，没有交流，信任和认同就很浅薄而脆弱。只是参与上课，而不主动了解讲师，不积极通过讲师的微信公众号、文章、书籍来了解讲师，如何能亲其师、信其道？只是在屏幕前默默聆听课程，而不习惯与其他学员对话交流，建立润泽的关系，就只能是走马观花而很难深度投入课程学习中。

当然，新网师也特别警惕关系的庸俗化，把有效学习需要的信任和认同变为庸俗的人际关系：闲聊多，探讨少；利用多，支持少；表面的吹捧多，真诚的批评少；

考虑面子多，探求真理少。

什么是信任？什么是关系融洽？彼此认同、理解乃至欣赏，有共同的价值观，在一起有探讨不完的话题，有身心的愉悦感。有时能毫无保留地坦陈自己的看法，毫不客气地批评对方的观点，甚至争论得面红耳赤，这是高度信任的表现；而一团和气、客客气气往往是疏远的表征。

此次高级研修班对于彼此的了解和认同，既是一种顺带的测验，也是一次加深的良机。许多报名者是日常在新网师参与度高的学员，如张海英、陈娥、方娇艳等。很多时候，重要的事总有时间，不重要的事总有借口，不是吗？当然，我也知道，许多老师心向往之但的确由于种种原因而无法参加。考虑到这种情况，我们安排了网络全程直播，以弥补未能实地参加学习的遗憾。

（三）

近期，除了高级研修班，附属学校和专家组两个项目也进展顺利。本来想招募5所附属学校，没想到报名学校众多，而且很多学校的校长非常重视和急切，多次向我和马增信老师表达加入的迫切愿望。我们再三斟酌，扩大了原定的名额，扩展到19所。学校数量是增加了，然而加入并不等于有了"免费的午餐"，可以"坐享其成"，以为像参加其他项目一样，本着有总比没有强，能免费获得一点算一点的"投机心态"，这种想法是错误的。新网师不是自动发光发热、普照众生的太阳，新网师是唐僧，召唤一起上路的取经者，无论你是神通广大的孙悟空、俗念未了的八戒，还是禀赋平平的沙僧，关键在于上路出发。所以，加入只是应召，是开启，是上路，是出发，是会聚。天助自助者，没有自我持续的行动，没有自觉主动的创造，没有持久行动的打算，没有挑战困难的准备，仅仅想依赖外在的"输血"而让学校发生裂变，是不切实际的想法。

对于入选专家组的学员来说，"专家"的头衔只是对过往的一种认可，更是一种召唤，一种方向，一种期许。我们固然不必为这个头衔而感觉名实不副的惶恐，因为谁也不是一生下来就是专家，只要有内在的向往和坚守，岁月自然会慷慨馈赠。但更要认识到，我们的发展和提升还有很大的空间，大部分入选者现在还远远达不到新网师的专家标准，需要修炼修炼再修炼，学习学习再学习。但如果你觉得"等我修炼到专家标准再加入"，那也是错误的。因为，加入专家组就是修炼，就是学习，就是朝向专家。做中学，如此而已。

老师们！做一只犟龟吧，虽然路上会有蜘蛛的嘲笑讥讽、蜗牛的热情挽留、壁虎的不屑鄙夷、乌鸦的疑惑不解，但只要日夜不停地赶路，终会遇到狮王的庆典。

八、不善于学习是坏习惯

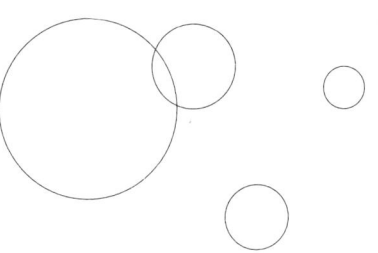

上周的"一周观察",我记录了方娇艳老师啃读钻研、笔耕不辍,连续 200 多天打卡学习的故事。许多老师留言:"精神再次得到洗礼""生命再次被擦亮、点燃与唤醒""再次被唤醒"……

我相信有许多老师都受到触动,但能有多少人真正改变呢?不乐观。生活的真实是:购书如山倒,读书如抽丝,虽惦记着阅读学习,却总是将其排在一天中的次要位置。大多数人只是"心动"而不会行动,即使勉强坚持几天,很快就外甥打灯笼——照旧(舅)。

(一)

专业学习是走出舒适区,而待在舒适区是人的本性。人,尤其是成人,其人格基本不可改变。我经常对民办学校的校长朋友说:"不要有改变他人的想法,改变教师不如招募优秀教师。"如果你觉得容易,就先试着改变一下与你朝夕相处的爱人。

认为通过榜样带动,就会改变他人,这是天真的想法。人不可改变,但可以受影响。榜样能影响与之"尺码"相同者,"尺码"相同者遭遇榜样,见贤思齐,受感召,被唤醒,不能再忍受旧我的沉沦,从而效仿追随。榜样不可能改变"尺码"

不同者,"尺码"不同者听了榜样故事也会受触动,但"热闹是他们的",与自己无关。有的甚至会启动自我保护模式:自欺、不屑、妒忌,甚至冷嘲热讽。你以为努力成为榜样就会引来艳羡和点赞。错了,在很多时候,你的优秀就是周围人的灾难。人性就是这么复杂。拒绝成为榜样也是许多人保护自己的方式。成为大众固然寂寂无名,但藏在人群中也收获了很重要的安全感。

开启专业学习之所以难,是因常人之行为主要依赖习惯(习俗)而不是理性,能用理性(观念、道理)指导行动的是那些极少数的卓越者。

(二)

不善于学习是一种坏习惯,坏习惯塑造差的人生。什么叫积习难改?什么叫积重难返?

连岳说:"坏习惯一旦养成,就有巨大的惯性,迫使人们无意识地一再重复,重复又壮大坏习惯的力量,增加它的惯性。"

为什么"心灵鸡汤"、励志口号无用?为什么懂了那么多道理,依然过不好当下?就是因为坏习惯太强大了。在理性与坏习惯的对抗中,你本以为应该是理性胜出,但事实恰好相反,往往是坏习惯胜过理性,感性胜过理性,情绪胜过理性。

其实,常人在很多影响一生的重大决策上,往往都是非理性的,比如年轻时候的上学、恋爱和择业。匪夷所思的是许多人甚至不惜选择损害自身利益的行为,比如,吃不健康的食品、抽烟、酗酒、不参加运动等。坏习惯对常人的控制是致命的。

连岳说:"被坏习惯奴役的人,对品质的追求只得放低一点,而且自己的内心极其痛苦,感觉自己在为自己套上绞索,直到最后认输放弃,判自己的意志力死刑。"

坏习惯是如何养成的?

原因固然复杂,但与幼年接受的养成教育有主要关联。心理学家已经形成共识:儿童在六七岁时就形成了影响一生的基本人格。童年养成的习惯、家庭培养的习惯对人一生的影响是基础性和根本性的，虽然人一辈子都可以培养习惯，改变习惯，但童年养成的习惯会影响未来其他习惯的各种选择。比如，一个有自律习惯者会选择直面挑战，而自我放纵者会选择逃避困难和自我欺骗；一个有阅读习惯的人独处时选择读书，一个不爱阅读的人独处时会选择打游戏。

如何改变坏习惯？

改变习惯，本质是重新建构观念的过程，是修改、升级大脑深层认知模式（也称图式、信念、潜意识）的过程。我以为，改变的办法：一是阅读，二是行动。当然很多时候是"行动+阅读"，二者并没有严格的区分。

对于通过阅读升级认知，魏智渊老师有一段话说得非常精辟：

> 一本有价值的书，往往只是提供了一个或几个观念，或者一个行动框架，可以用一篇文章，甚至一页纸讲得清清楚楚。例如《习惯的力量》，只讲了一个行动结构：暗示—惯常行为—奖赏。但把这几个词告诉你没有意义，因为太抽象，没有办法在你的大脑乃至行动中活起来，化为任何场景下的自动反应。这种自动反应，本质上就是实践智慧，或者说就是智慧，就是能力。
>
> 因此，你需要书籍中提供的丰富的语境（案例），来帮你将这个结构扎根在潜意识中，这就是阅读的意义。这个扎根的过程，不只是读这一本书，还包括其他类似主题的书，每本书可能对同一结构有不同的命名，并揭示习惯的不同方面。最终，你会通过阅读和行动，建构起越来越灵活的关于习惯的知识。此过程，即所谓"道可道，非常道，名可名，非常名"，是一个摆脱概念乃至书籍，建构观念和行动本能的过程。

据我多年的经验，要达到这种效果，对阅读能力要求很高，需要学会啃读、慢读、主题性阅读、研究性阅读，或者是用教的方式来读。未经训练的阅读者一般很难自动领会，对此我有深刻体会。怀特海的"浪漫—精确—综合"三阶段认知规律，我从首次学习到真正内化，直至成为思考做事时的自动反应，也经历了四五年钻研的时间。当然，能否重塑观念与个人综合素养高低也有直接关系，综合素养高，认知升级就比较快；综合素养低，往往固化、封闭、保守，认知升级就很难。

以上分析了阅读对重塑观念的作用，接下来谈行动。

行动塑造观念，"纸上得来终觉浅，绝知此事要躬行"。人的观念很难通过听道理、听故事就改变，改变观念，应该先从行为入手。比如，学生通过挑战获得成功才建立自信，而不是先天有自信才选择挑战。前几天我发布了招募下学期讲师的公告，一位老师留言："总认为自己不够优秀，所以不敢报名。"这就是理解反了，不是优秀了才开始做，而是通过做才变得优秀。不要总想着等强大了再承担更重要的事，而是通过承担有难度的事驱使你变得强大。

（三）

解释学认为："限制性条件是转变发生的条件。"

为什么许多人很难挣脱"坏习惯"的控制？因为缺乏"限制性条件"，没有遭遇危机。许多人常年生活在同一环境之中，已经形成了一种固定的应对模式，缺乏触痛内心的挑战和危机，也就难以激发对学习的内在渴求和改变的愿望。有的老师虽然在工作中长期遭遇困难，但已经成了"习得性无助"，连"自由呼吸"的勇气都丧失了，更不要说行动。

英雄都是被迫上路的。不是英雄遇到了危机，而是危机成就了英雄。这就是坎贝尔所总结的"英雄的旅程"：被迫上路—遭遇危机—遇到帮助者—成为英雄。

方娇艳就是遵循这个规律而成为新网师的英雄的。她在2018年遭遇了职业生涯中的"至暗时刻"，从一所著名民办学校"自我放逐"到一所生源、校风俱衰的公办学校，被迫上路了。如果不是如此，她现在应该是待在原来的学校，过着波澜不惊的生活。

既不幸又"幸运"的是，在新的学校她还遭遇了危机。新的学校与原来学校相比有天壤之别,新到的学校"学生成绩差,对学习几乎毫无热情,家长对孩子的教养更是充耳不闻、视而不见,连办公室也充斥着松懈、抱怨和应付,大家对学生的行为和现状似乎已习惯并认为理所应当,似乎也'看开了'教育的局面,有人嗑瓜子,有人玩游戏,有人咒骂孩子,有人体罚学生"。更悲催的是,方老师还教了一个差班。就如《放牛班的春天》中马修老师刚到学校一样,她感到前所未有的落差和无助。然而,恰是这种危机让方娇艳老师昔日"遮蔽的生命从昏睡中惊醒,并最终独自面对自己,了解自己内心世界的真面目"。

"重要他人"在方娇艳老师的生命中登场了——她在2018年加入了新网师,新网师成了她在危机中的"重要他人"。后来的故事大家就熟悉了——一个英雄就此诞生。

所以,要发生转变,要成为英雄,就主动"上路"遭遇危机吧!如主动选择攻克一个难题,打开一本难啃的书,换一个陌生的环境,选择一门有难度的课程,接受一个有挑战性的任务……

当然,是否愿意主动"上路"遭遇危机,遭遇危机是否能战胜,根本上与你固有的认知图式有关系。方娇艳老师已经不是第一次成为"英雄"。曾经高考失利的她,经过四年蛰伏,取得过研究生入学考试全国第一的佳绩!

(四)

所有的故事都是一个故事。

华为也正走在成为"英雄"的伟大旅程中。

华为公司遭遇了危机,遭遇发展中的"至暗时刻",但华为挽狂澜于既倒,在美国全面封锁的情况下能确保战略安全。根本原因就在于,在华为云淡风轻的季节,就做出了极限生存的假设,从而为公司的生存提前打造了"备胎"。

处在云淡风轻中的你,有"备胎"吗?

九、做点"无用"的事

又一期《啃读者》热气腾腾、新鲜出炉了!

正如一桌佳肴摆放完毕,面对围坐的宾客,忙碌一上午的厨师这时也能擦去汗水和手上的油渍,解下围裙,满怀笑脸而谦虚地讲述几个做菜过程中或感人、或有趣的"段子",好让大家吃得更有滋味。

可惜,我这个厨子提供不了多少"新料",讲述不出什么"编辑部的故事"。《啃读者》的制作是"铁路警察——各管一段",我所做的仅是搜集了几篇稿子,校对了几个错字,然后发送完毕。

那就说点"无用"的事吧!

我理解孙宏春老师为找不到合适美编的焦急,更能体会原卫华老师被《啃读者》折磨出的"疯狂"。

美编是一项专业性强且极费时间和精力的差事,没有金刚钻是不敢揽这个瓷器活的。对美编的要求,不仅要有深厚的美学功底、高水准的审美眼光,还要有精湛娴熟的电脑操作技术和丰富的素材库。而更令美编痛苦的是,当你绞尽脑汁、费劲周折拿出一桌好菜时,那些可能从来不下厨房的食客,会以自己的口味对其说三道四、指手画脚,他可不管你是如何在厨房里挥汗如雨、火热火燎做出来的。

我曾在大学支教工作队办过两学期的电子杂志,接受工作任务的同学多次为之而哭鼻子，故深知其中的甘苦。这学期，支教队来了个年轻人——小郭，他的专业是美术，而且在大学时和同学合办过电子杂志，电脑操作技术也很好。在了解到孙老师为美编而发愁的困难后，我萌生了让他和朋友做几期《啃读者》美编的想法。我和小郭说，这是一项公益活动，没有任何报酬，但要求的水准还很高，一旦承诺，就要全力以赴完成好，不能再推辞。他爽快答应了。随后，我让他和朋友尝试着做了几个封面，一番审核，就确定了。

我总觉得，生活的逻辑不只是一种，不是任何人都以利己作为行动的前提，不是任何事都要求付出就有回报。一个人其实除了做"有用"的事，也不妨做一些"无用"的事。曾经有大学生问白岩松，中国何时会出现诺贝尔奖获得者？白岩松说，当中国的文学家、科学家开始做很多"无用"的事时，就离诺贝尔奖不远了。这是有道理的。

我经常想，对于学生做好事和取得的好成绩，必要的精神鼓励是需要的，因为好孩子是夸出来的，但不一定非要进行物质奖励。帮助他人，拾金不昧，刻苦学习，考试不作弊等，这些都是一个学生应该做的事，正如农民种地、老师教书一样普通正常、天经地义。如果把这些本应做的事都建立在外在的奖励上，会导致学生认为，做好事不是因为事情本身的意义，而是为了奖励。如果一个人做事总是建立在功利的基础上，那么他的行为总是不太可靠的，人生的境界也是停留在低级层次的。在一个理想的社会，人们做事的评判标准应该是：因为这件事是对的，而不是因为对我有用。什么时候，当我们说出"没有其他原因，只因为这样做是对的"时，我想会有更多人站出来自发爱护环境、搀扶老人……

人们常说挑战自己，打败自己，这是把自己当成一个固态的、不足的自我来看待的。其实，人更需要发现自己、绽放自己。常人都习惯生活于一种平庸者的模式中，导致生命处于潜伏、遮蔽状态，自我的本质往往被遮蔽。而鲜有人采用优秀者模式，让自我的本质和力量凸显出来。

内在品格何以凸显？通过做事和创造、担当和使命。那些杰出之人正是通过创造和担当，才让灵魂和自我从某种隐蔽的状态中走出来，从而在根本上认识自己、理解自己。

电影《七武士》中的七个武士，冒着生命危险而且没有任何奖励，接受一个挑战，拯救了自己。生活于世俗中的常人，容易戴上"近视镜"，手拿"名利尺"，麻木、机械、被动、琐碎地复制着一天天的生活。生活缺乏美好创造，生命缺乏"高峰"体验，灵魂处于沉沦、遮蔽状态，生命如一潭死水，"春风拂过，吹不起半点涟漪"。只有优秀的人才能时刻警惕自己的生命状态，通过不断积极做事，做"无用"的事，来拯救自己。

从某种程度上说，在新网师学习就是"无用"的事，因为它换不来现实工作中的职称、工资、待遇、评优评模等看得见的利益。所以，有的人进来瞅瞅热闹，发现不了多少"有用"的东西，很快就溜走了；有的人在现实生活"受了伤"，想进来找点依靠、温暖和安慰，而发现这里更"冷酷"，也就撤退了；有的人，生命曾经在此得到涌现，但现实中有更多"有用"的事需要做，也就慢慢淡出了……

有一种人只知道做"有用"之事，慢慢就沦落为"无用"之人，即常人；另一种人，明白要做点"无用"之事，慢慢就成了"有用"之人，即优秀之人。

有用常常就是无用，无用可能却是大用。这不是绕口令，而是人生的一种智慧。

不是吗？

水泊梁山可是离不开"智多星"吴用的。

十、今宵辞旧岁，明日岁华新

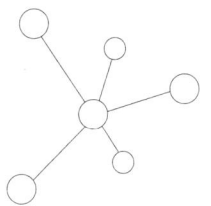

今天是除夕，也是立春，二十四节气之首。"从此阳春应有脚，百花富贵草精神"，冬天结束，万物将渐渐被唤醒，再次唱出又一轮四季的歌声。

空气中，弥漫着饺子馅的味道。微信中，新春的祝福已开始发酵。而我，已经和父母家人团聚一起，享受清闲、幸福和平淡的日子。

（一）

记忆中有各种各样的除夕。

从小到大，在老家院子里，这一天都是母亲忙着剁饺子馅，父亲炸烧肉、丸子、豆腐，我们兄妹帮忙洒扫庭院、贴对联。记得很小的时候，过年最开心的是，父亲从县城买回一大袋瓜子，大袋里面装满十几个小袋，每小袋2毛钱。一冬天只能零星买小袋的，过年了，就能奢侈了。

20世纪90年代初的一个春节，年前买了一个乌黑发亮的双卡录音机，我和弟弟欢喜得不得了，磁带是《红太阳》，声音调得很高，带有摇滚味道的民歌从屋内传到屋外，飘出了院墙。

有一年，舅舅在我家过年，带来了一个录像机和两盘录像带。平时因信号不好而模糊不清的黑白电视里清晰地播放出港台动作片，屋子里炕上炕下挤满了村里的年轻人。两盘录像带，看了又看，百看不厌。

90年代末，读大学期间的一个春节在北京姑姑家过。姑姑带着我购买衣服，第一次穿上了牛仔裤，还戴上了手表。第一次吃到那么丰盛的年夜饭，但北京的年味似乎比乡村淡了些。

后来啊，成家尤其是有了孩子之后，过年的轻松与自由逐渐让渡给下一辈了。对我而言，过年成了一场巨大疲惫的"战役"：打扫卫生，购买年货，给老丈人家送年货，返乡……

回乡过年，感觉也在逐渐变化。村里陌生的年轻人和小孩子越来越多，一个个在房前屋后低头刷着手机。置身于熟悉的街道、生疏的人群中，我仿佛成了外乡人。同龄人各自忙碌着自己的生计，对彼此的生活模式非常陌生，好像生活在不同的世界，虽然还是那样质朴、亲切，但交谈再也回不到儿时那样的同频共振中。打麻将是乡村的主文化，每个场地烟雾缭绕，人声鼎沸，哗啦哗啦。我不会打麻将，自然也就成了非主流。回乡过年也就主要是和一年见不了几面的父母说说话，给爷爷奶奶上坟，走访姑姑舅舅姨姨几家亲戚。除此之外，大部分时间蜗居在家看看书。

最多五六天，内心竟有了离开的渴望。

（二）

昨晚，与父亲聊起家族的人物与历史，头脑中努力勾勒这个只有几十户人家的小村庄起起伏伏的历史脉络，努力还原着百年来这个小山坳中一言难尽的沉沦与辉煌、愚昧与文明……

家族的辉煌主要与读书有关。

家谱记载，清朝时先辈中曾出过一个在陕西做官的县令。民国时期，出过国立山西大学和天津民航学院的高材生，前者成为当时县域内的富豪受到朱德的表彰，后者成为抗日战争中的军官，晚年移居美国而终老。现在家族中能从这个小山村走到太原、北京、美国的，也主要与读书有关。

对于缺乏强大社会资源的底层百姓，读书基本上是阶层上升的主要途径。新中国建立以来，我是这个小山坳通过高考上大学的第一人，这得益于我父亲是一名小学教师特别重视教育。在那个艰苦的年代，无论家境如何贫寒，父亲培养孩子上学的信念始终未曾改变，许多天资聪慧的同龄人陆陆续续念到初中就辍学了，而我们家兄妹三人，靠着父母一辈子咬紧牙关，节衣缩食，省吃俭用，全部考上了大学，走出了小山村。

（三）

今朝辞旧岁。

旧的一年容易辞去，这与努力与否无关；"旧自我"则不容易辞去，这与自己的努力有关。

辞去"旧自我"，即自我的发展，自我的成长，自我的更新。好逸恶劳、拈轻怕重且善于自我欺骗，深深根植于人的本性。人到中年，没有外在处境的变化而能主动走出"舒适区"的觉醒者少之又少。生命长期停滞原地甚至退步（当然，人家未必觉得如此），是许多中年人心态消极的主要原因。

世界很残酷，世界也很仁慈。许多常人往往是陷入困境被迫"上路"，但走着走着，就成了"英雄"。

大闹天宫的孙行者，是压在五行山下遇到困境之后，才踏上西天取经的成佛之旅，新网师中许多教师亦如此。

为什么新网师中中年教师居多？这是有原因的。

不是任何人都能理解新网师的价值。刚毕业的年轻教师对职业还充满新鲜，踌躇满志，还认识不到加入新网师的必要性；50岁以后的教师见识容易固化乃至僵化，对新网师容易有傲慢的偏见；沉浸在眼前"成功"中的教师容易"小富即安"，在未遭遇挫折和没有更高远追求之前还不屑于新网师。

参加新网师且精进的大多数是这样的教师或校长：从教多年有一定的工作经

验但认知还没有完全固化，有的度过职业浪漫期后专业发展遇到瓶颈，有的工作处境发生变化而发现原有经验失灵，有的教育教学遇到困境，有的一向自信满满但突然遭受挫折，有的长期平平淡淡但突然不愿此生如此平庸。

被迫"上路"是人的不自由，主动走出"舒适区"乃是人的尊贵与庄严。新网师的一个重要价值在于让个体从被动转为主动，从沉沦到觉醒，从必然王国到自由王国……

（四）

明朝岁华新。

"明朝"因生命的拔节成长而"新"。日月更替，四季轮回，世界本无所谓昨天、今天与明天，时间是人为了理解世界而发明出来的工具。如果没有自我的生长，明天也只不过是往昔的翻版而已。

发展才是硬道理，这句话对个体也是真理。

许多问题其实是在发展的过程中化解的。死水一潭，滋生淤泥与病菌；清泉汩汩，水质清澈而洁净。对一个国家来说，治安、就业、教育、医疗、环保等困局的解决建立在社会发展的基础上；对个体而言，事业、工作、家庭、亲子等方面的通畅建立在生命发展的前提之上。认知不发展，很多现象就无法看透，无法看全面，无法看清晰；成就不发展，就很难消除妒忌之心；财务不发展，就容易目光短浅、急功近利；专业不发展，就容易夜郎自大，或者职业倦怠。

对新网师学员来说，发展意味着什么？

发展意味着链接、创造和承担。

个体的成长总是与这个世界息息相关，并相互滋养，相互影响。个体的成长离不开世界，个体的成长也彰显于世界。在新网师文化中，一个教师，没有所教学生的成长而宣称自己成长是可笑的；一个校长，没有带领教师和学生成长而宣称自己成长也是虚妄的。新网师倡导儒家的根本文化：己立立人，己达达人。每一个生命都应如太阳一样,照亮世界,温暖世界,与此同时,也将照亮自己,在天地间呈现出精神的最高自由。

如果你是教师,就要成为《放牛班的春天》中马修一样的导师,带领学生品尝学科知识的芬芳,用丰富精彩的课程与悲天悯人的情怀唤醒每一个生命;如果你是班主任,就要努力把自己的教室缔造为美国榜样教师雷夫的"56号教室";如果你是校长,就要矢志不渝让自己的学校朝向苏霍姆林斯基的帕夫雷什中学。

作为一个新教育人,今天所承担的使命复杂而艰巨。

我们以中国文化为家园,体认、继承并致力于发扬传统文化,但又不像"读经运动"一样粗暴而荒谬,臆想身穿汉服通背"四书""五经"就能智慧超群,领悟今天的人工智能、大数据、生物基因。我们致力于培养学生强大的应试能力,让其在白热化的"升学游戏"中不断"通关",但又不是如某些超级中学、"应试工厂"一样把学生异化为"考试角斗场"中人格缺陷的"考试机器";我们致力于构建课程丰富、弦歌悠扬、安宁祥和,无恐惧、无歧视的后现代学校文化,但又不是如华德福一样满足并停留于学生的平和与自足。

这一切何以可能?

新网师将努力为其提供答案。

(五)

除夕,一个四季轮回的结束;即将到来的己亥猪年,一个十二生肖轮回的结束。

结束也是开始,一个新轮回的开启。

站在岁月轮回的新起点上,眺望未知的未来,必须思考:何以应对这个一切皆在变化、随时都会变化的世界?

逐渐学习放弃一切执念,以绝对的信任和勇敢之行、真诚之心拥抱真实而复杂的世界。

我已整装待发,一起携手出发吧!

第三章　精进守护初心

一个人走得快，一群人走得远。新网师会聚了一群"尺码相同"的人，他们像原始人围拢在篝火四周舞蹈一样，围绕着知识这一"伟大事物"，孜孜不倦，勇猛精进，发掘知识魅力，形成了悲天悯人、高端纯粹、知行合一的共同体文化。

一、新网师的精神"肤色"

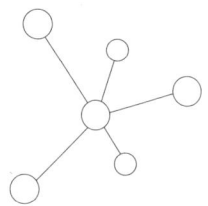

新网师"班会"又开张了!

在谟祯、刘广文、李亚敏等几位朋友的"怂恿"下,我终于接过这个活儿,压力不小。

从 2009 年新网师正式成立以来,一批批新网师人正是在新网师"每周班会"的引领下,逐渐领悟了新网师精神,认同了新网师品质,形成了共同的"密码",真正会聚成了"尺码相同"的人,而"每周班会"也成为新网师人在周末翘首以待的精神大餐。

新教育认为:"如果没有共同的神话与历史,没有共同的英雄与传说,没有共同的精灵与天使,我们就不可能拥有共同的信仰、共同的道德标准和对未来的共同的愿景,也就没有所谓的核心价值体系和共同思想基础,我们的社会就只是一群乌合之众。"

同理,作为一个学习共同体,如果我们没有共同的信仰、共同的英雄与历史、共同的语言,也不可能形成"共同的家园"。新网师"班会"的作用正在于通过书写,让新网师人拥有共同的历史、共同的英雄、共同的文化符号、共同的心灵密码,通过共读、对话,来实现真正的"共同生活"。

对我来说,写好"班会",难度有三:

一是需要全面投入新网师,深入了解新网师运行情况,紧密跟踪每门课程的进展情况,并及时捕捉了解学员学习动态。

二是坚持下来很难。常言说,办一件好事不难,难得的是坚持一辈子办好事。

三是之前一百余期班会,把应该说的话题都说完了,再要超越或者写出新内容,难度极大。

没有金刚钻,却揽下一个瓷器活,的确"亚历山大"。

虽然如此,我也知道真理需要在不同的场景涌现,需要不断"擦亮";而对自己来说,也需要通过主动加压,以避免生命的"沉沦"。有些事,咬咬牙,也就做下来了,而稍一松懈,就蹉跎岁月,一事无成。

有鉴于此,"每周班会"的书写,不管是对新网师还是对自己,都是必要的。

(一)

7月19日至24日,罕台新教育小学、丰台二中附属新教育小学及新网师在内蒙古鄂尔多斯罕台镇新教育实验小学联合举办了"清凉之夏"共读活动,共读书目是海德格尔的《存在与时间》。新网师讲师"谟祯"、"车行天下"、刘广文、李亚敏、"青风竹筒"以及资深学员"飓风"与两所学校的40余名老师一起参与了共读。

海德格尔的《存在与时间》是一本典型的大部头著作,内容浩博,讨论的问题众多且相互纠结,此外,语言晦涩,用词"新颖",所有这些都给初学者的阅读和理解带来巨大困难。如果不是共读,我们当中的许多人可能一辈子都不会涉猎,无法读懂这本哲学经典。

为什么要选择难度如此大的书,而不是选一些时代感强、实用性大的书籍作为共读内容呢?

若没读过、读透中外教育、哲学经典,没有把这些文化元语言化为自身血脉,那么读书终归只是在技术层面转悠,走不远。从阅读方法来说,循序渐进、由浅入深,是一种阅读路径,但最好的阅读路径是借助"高人"的指引,直抵

"高处"，然后便可对一般书籍拥有"一览众山小"的优势。之所以选择《存在与时间》这样难啃的经典名著，是希望能借共读之势而"会当凌绝顶"。至于具体的教育教学方法，可待来日慢慢修炼。新网师之所以开设中外哲学课程，其实也是这个道理。

每一次的共读活动，朴素而热烈，宁静而悠远。朴素中，包含着一种华贵的新教育精神；宁静里，流动的是浮躁时代那一份甘于寂寞的悠远。

七月的塞外高原，白天，湛湛蓝天清风爽；夜晚，皎皎空中孤月轮。无柴米油盐之乱耳，无作业上课之劳形，谈笑有鸿儒，往来皆知音，研哲学，聊课程，颂诗歌，不亦乐乎！难怪新网师李亚敏老师称："这简直是神仙般的生活！"在如今浮躁的风气下，在言必谈利的社会，能有一群人栖居在塞外小镇如此心无旁骛地精研学问，令人感慨。丰台二中一位老师在共读中不禁兴发感动，吟诗一首：

在这里，心无所畏惧，头颅高昂；

在这里，知识是自由的；

在这里，世界还没有被家国的境界割离得支离破碎；

在这里，真理是言论的依据；

在这里，不懈的努力至臻完美；

在这里，理智的清泉还没被已久的积习的荒漠而吞没；

在这里，我的心灵再一次受到指引，思想和行为不断放宽，让教育觉醒吧！

（二）

研读哲学也是阅读自己、认识自己，进而找回自己。新网师学员中有许多是"70后""80后"，这是一个怎样的群体？他们不论是在学校还是在家庭，都是"骨干""顶梁柱"。人到中年，可怕的是被许多有形无形的东西羁绊了生命的舒展与自由，导致生命处于非本真状态之中，然而，更可怕的是，许多人会忘记：真正能制约自己的最大敌人，其实是自己。

迷唯一念，悟止一心。

很多时候，不是世界浑浊了，而是审视世界的眼睛模糊了；不是自身没有另外的可能性，而是内心的"杯子"太满了，已经容纳不下其他的东西。我们需要经常腾空自己的"杯子"，不断清除自身的"垃圾文件"，以便让另外的东西进来，让生命焕发另外的可能性。

人需要不断地追本溯源：我是谁？从哪里来？向哪儿去？通过对这些终极问题的思索和追问，让无家可归的灵魂有所安放，让躁动不安的心灵得以平静，不断剔除、割弃、截断妨碍生命生长的"藤蔓"，即使在日常状态下以一种非本真的方式生存，也能时刻具备着实现自我的可能性。

（三）

新学期，新网师又有许多新面孔。

新网师欢迎您！

许多新学员可能会有这样的情况，带着满腔热情加入新网师，一进门，发现"这里的黎明静悄悄"，课程群比较冷清，咖啡厅也很寂静，除了链接一连串须知、必读等内容，没有"学生处"检查你的到岗与否，也没有班主任督促你的学习，甚至连如何选修课程也没有人指引（当然，这些问题在过去的班会中都有阐述）。而这正是新网师的特点，一切全靠自觉与自学，没有人会为你的学习负责，除了你自己。

如果以现代管理理念来看，新网师的管理是非常松散的。现代管理是把一个单位（组织、工厂、公司）看作一个严密的系统，每个人安排在不同的位置，各依规章，各司其职。强调过程的规范化、工作的制度化、制度的科学化，追求的是效益的最大化；采取的是过程管理、行为管理、他人管理、制度管理、控制式管理。其优点众所周知，但随之而来的不足是，人容易被异化为机器当中的一个螺丝，自由和创造性受到抑制，幸福感缺失。

新网师的管理理念是什么？

新网师实施的是后现代管理理念。

这种管理理念强调对思想、观念与心灵的尊重。强调观念管理、自我管理、情感智慧管理、支持式管理、信仰管理，旨在让每一个人在轻松的环境中快乐地工作，并最大限度地发挥自己的创造性和潜能。新网师不以"生产效益"、毕业率、成功率的最大化为目标，而是以生命的真正成长，以及在工作中发掘人生的幸福为目标，其他声名、物质财富则是这种追求的副产品。

新网师认为，人才是组织发展中最重要的因素，有什么样的人才，就做什么样的事。对于讲师，新网师强调的是挑选最合适的人，然后赋予其高度的自主权。新网师不会有"领导"或"上司"，没有严格的制度要求讲师必须如何做、必须达到何种目标（当然，提供卓越的课程是我们的愿景）。在课程上，所有人的评价、建议、意见，仅供讲师参考、选择，最终如何做取决于自己。新网师就是要尽量剔除一切外在的对讲师的影响、干扰、束缚，让其把精力最大化地聚焦到自身的成长和课程的创造上来。一句话，己立立人，己达达人。

对于学员，新网师强调的是挑选"尺码相同"的人，然后充分尊重、相信每一名学员的追求和潜力，充分尊重每一名学员的选择，希望看到每一名学员的真正成长。但没有谁会为你的学习负责，因为没有谁能替代你在学习中沉潜、穿越的过程。新网师的管理模式是"底线＋榜样"，达不到底线，留下不良记录，就会失去留在新网师的资格；但新网师从来不会把重点放在"后进生"的劝学上，而是永远"聚焦"榜样，让榜样言说自己，让榜样号召大家，让榜样呈现新网师。

失去榜样，新网师也就失去了自己的"肤色"！

（四）

新网师会聚的是教育的理想主义者。

在新网师，真理高于一切，真理和屁股的位置无关，只要有真知学问就会被认可、尊重，谈理想与梦想是不被人嘲笑的……

理想主义意味着什么？意味着除了仰望星空，还要脚踏实地。

在新网师，重视的是行动，开出一朵"花"来；在新网师，强调生命投入当下，而不是活在他处；在新网师，脱离自身一味地指责、抨击社会是可恶的，连教室的事都做不好，而只想融入某个圈子、结交点"名人"是可耻的……

在今天，没有人会认为你贴上一个"理想主义者"的标签就高人一等、卓然超群，能不被认为是不合时宜、迂腐不堪就不错了。

理想主义不能当饭吃，说到底，我们选择教育，选择理想主义，是选择了自己。教育之于我们不仅仅是谋生的职业和一份工作，更是我们呈现于世界的肤色，是我们在这个世界上的行走方式。

现实已经够"现实"了，岂能让灵魂也始终匍匐于大地？

二、又是招生季

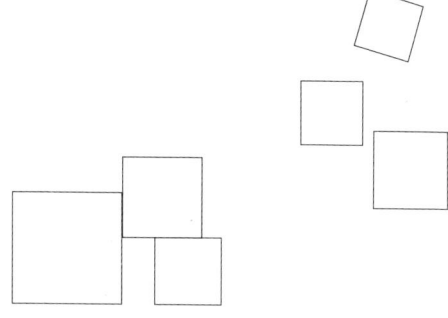

从 12 月 1 日到 2 月 15 日，是新网师的招生季节。

前几天，有两位老师通过网络和我沟通，希望我能作为其加入新网师的推荐人。随后，我阅读了其阅读史、申请书等简要资料。虽然我还不能判断两位老师是否完全属于"尺码相同"的人，能否在新网师扎根并坚持下来，但我能感受到两位老师希望加入新网师的态度是诚恳的。在中小学一线教师中，有提升自我的意愿与行动，愿意以啃读经典作为自我提升的方式。有此，已经是难能可贵了。

所以，我答应作为其推荐人，并寄以真诚的祝愿，祝愿两位老师成为新网师未来的榜样教师。

（一）

我想对同样正在加入或者刚加入新网师的老师说，既要对新网师充满信心，也不要对新网师寄希望太高。要对新网师充满信心，是因为新网师课程的高端性、学术性，新网师精神的纯粹性、理想性，在名目繁多的各种学习共同体中，是少之又少的。正因为如此，被新网师吸引参加者众，但由于无法适应新网师的学习内容和学习方式，淘汰者也多。

之所以说不要对新网师寄希望太高，是因为你在新网师成长提升的关键不在于讲师，不在于课程，不在于书籍，而在于自我。如果仅仅是抱着旁听者的态度，在自身无动于衷的情况下，希望轻而易举学到绝招、妙招，希望立竿见影、药到病除，这种认识本身就是错误的。在新网师，转变多少，成长多少，取决于你的投入多少，是否能扎实预习，是否改变阅读方式，能否按时提交预习作业，能否准时参加每次研讨，从根本上来说，取决于内心对自身生命的"信"（坚信生命的种子终会在未来某一天灿然绽放），以及对教育的虔诚与热爱。

只有这样，你才能真正从繁重的工作中解脱出来，才能真正超脱于分数、荣誉、考评的束缚，把貌似单调的日常工作变为调查研究的体验机会，把后进生当作上帝派来成全自己的天使，把工作中的一次次困难当作砥砺成长的契机。

"江子"老师在微博中说：在丰台新教育小学和中学，共读经典已成为生活中不可或缺的部分。今天，是一个值得学校永久纪念的日子——全体（包括行政后勤）共读完皮亚杰的《儿童心理学》。于团队，坚信总有一些种子会在岁月深处萌发，并最终向世界绽放；于个人，既然认准这条路，做的过程就是成功，绝不存在其他外在的功与名。

把教育当作毕生孜孜以求的事业而不仅仅是取得成绩、待遇和荣誉的职业，把阅读学习当作一种自然而然的行走方式而不仅仅是为了实现外在目的的手段；把工作当作存在于世实现自我的方式，而不仅仅是养家糊口的手段：新网师聚集的是这样"尺码相同"的人。

为学日益，为道日损。

新网师与其说是"武器库"，不如说是"修道场"。只有有唐僧一般坚如磐石的信念，方能最后修得成佛的正果，方能从教育中体味到幸福的滋味。而在今天这样一个"成名要趁早"的浮躁社会中，在以成功作为唯一尺度的现实中，做到这一点何其难！真正达者有几人？

然而，正因其难，方显新网师之价值。

纵然大众心态再浮躁，再急功近利，纵然基础教育再不如人意，愿意提升自我，对教育心存理想者，仍然还有。只不过其中许多人被琐事裹挟，加之势单力薄，无人引领，所以逐渐泯然于常人，而不能真正发现自我，实现自我，领悟自己此生之天命。

而新网师就起了这样一个会聚、点燃、引领的作用，让每一个虔诚的朝拜者在跋涉的路上不孤单！

（二）

新网师的学习内容和学习方式与学校中常规的教研活动、继续教育、国培等方式有根本性的区别。

常规的教师专业成长，往往侧重于学习教育教学之"术"，以当前教育界风起云涌的名师为榜样，以听报告、听讲座、观摩课堂教学、实地考察为主要方式，希望取得一些易学、管用的"他山之石"来攻自己之"玉"。应该说，这种方式对于激发教师教学热情、启发思维、扩大认知视野等，起到了不小的作用。但这种学习方式，因不能从根本上转变教师的学习方式，提升教师的理论素养，不能从根本上让老师把教育和自身生命结为一体，所以，只能引发一些量变，而无法达到质变。

新网师强调知性阅读，强调建立自己的根本书籍，学员通过研读哲学、教育学、心理学等学科领域的经典书籍，与大师对话，重构大脑知识结构，重新明晰教育的价值、目的和自身生命的意义，在根源处形成持久的专业发展动力和强大的教育教学能力。

常人的行动总容易受外界环境影响。许多环境中，八小时之外，读书并不是主流，打麻将、打牌、喝茶才是主流；学习不是主流，旅行、美容、健身才是主流。加入新网师，让你感觉阅读的路上不寂寞，前行的路上有人陪。独自阅读摸索，在面对艰涩的经典时，由于"久攻不下"，往往会产生对经典的误解，要么认为这种理论解决不了实际问题，要么是开始怀疑自己的阅读力和理解力。而在新网师，通过相互分享自己的阅读历程和心得，你会发现原来有那么多人也同样面临读不懂的困难，你还会发现那些你一直很佩服的人竟然也和你一样遭遇读不懂的情况。这时，你会慢慢从学习他们的知识，转而去学习他们的学习方法和刻苦精神。

加入新网师并不等于真正融入新网师，提交申请书只是公开表达了自己的承诺和期许，只是刚刚迈进了新的门槛，但要真正融入新网师，活出新网师精神，只有在艰难跋步前行中，历经一次次精神"蜕皮"，才能绽放出活泼泼的生命。

从心理学上讲，人对社会影响的反应可以分为三种类型：

一是依从，指一个人为了获得奖励或者避免惩罚而做出的某种行为。

二是认同，指一个人采取某种行为，是因为这种行为方式能使之与其认同的某个人（或组织）建立起满意的关系。

三是内化，一个人之所以采取某种行为，是因为他已经将某种信念内化为自己的价值观。

老师们加入新网师显然不是为了获得某种奖励或避免某种惩罚，而是被某些新网师人所吸引，或强烈认同新网师理念。这还属于认同阶段。

要真正融入新网师，只有在穿越课程的过程中，将新网师精神内化为自身价值体系的一部分，真正将书本上的知识转化为解决问题的智慧，切实指导了实践工作，提高了教育教学质量，这时，即使你没有"新网师"这个标签，你也已经是新网师最艳丽的一抹色彩了。

（三）

我曾在高校与大学生一起共读了心理学、教育学等经典书籍，我没有机械地传授知识与信息，而是以现实问题来引发学生的讨论和思索，让学生意识到知识不是外在于生活的独立系统，而是来自于现实，最终也要运用于现实。知识的价值在于解决实际问题，在于让我们认清真相，而不是应付考试和拿到等级证书。共读中，当学生陷入谜团苦苦思索而不得其解时，我先搁置问题，然后引导学生翻开经典书籍，沉入到哲人大师的思考中，逐渐明晰、掌握若干核心知识，然后将其运用到一开始的迷局中，这时学生会恍然大悟，充满醒悟后的惊叹，强烈感受到学习的乐趣。

新网师的课程和一般师范高校的课程有本质性的区别，它不是把知识网格化、系统化、静态化，而是以"少而透"的原则，注重在运用中掌握知识。新网师选择几门教育领域的核心学科（如哲学、教育学、心理学），深入研讨，互相打通，重新发掘伟大知识的魅力，让知识点燃生命之光！

知识的神奇与魅力，往往会超越常人的想象力！

今夜，月光如水，又近圆轮。

岁岁年年花相似，而今明月却不同。

遥望今晚之月，分外亲切。因为，从今天开始，广寒宫里真正居住了一只来自中国的"兔子"！

神话变现实，梦幻终成真，你不由得惊叹人类大脑思维的神奇。

思维改变现实，学习贵在行动。

亲爱的老师，如果您还在新网师门槛边徘徊，那么就请"纵身一跃"，加入我们吧！

如果您已经幸运地成为新网师的一员，那么，就向昨天挥挥手，说声再见，向着前行者大声招呼——

嗨！等等我，我来了！

三、新学期的四点提醒

寒假期间,新网师招生简章发布,报名日期截止前,602人提交申请。经过对报名材料和阅读史的严格审核,录取493人,覆盖全国20多个省(市),没有录取的原因主要是阅读史抄袭。新网师已经在全国范围内引起一线中小学教师的关注,新网师公众号的用户每日都在增加,从2018年7月份以来,短短几个月,用户量就翻倍超过10000人。

此次报名中,有的是教育局和学校统一组织的,比如,四川省旺苍县教育局倡导老师们参加,共有111名老师报名被录取。现在,虽然报名已经截止,但还有不少老师提交申请。昨天,湖南师范大学附中高新实验中学就推荐本校20名教师集体加入。

在学习平台如此众多的今天,新网师有什么特点或优势?在新网师如何学习才能学有所得?

新网师的主要特点:

一是特别注重培育、激发学习者的内生动力,增进对教育的职业认同;

二是注重培养学员主动学习和终身学习的能力;

三是道与术并重,不仅传授教育方法(技术),更注重教育理论的研究,啃读教育经典,厚植理论素养;

四是知行合一,评价的尺度不是在新网师考了多少分,通过了几门课程,而是教室里的学生提高多少，变化多大。

要在新网师学有所成，需注意以下四方面：投入时间，自主学习，长期学习，综合学习。

1. 投入时间

任何成功都不可能一蹴而就，在新网师，没有投入足够时间，就不可能有根本的改变和骄人的成就。新网师课程多，学习量大，每门课程的打卡、预习、上课、完成作业等，都需要花费很多精力，不投入充足的时间就容易掉队。

你需要统筹时间，每天专门预留出一定时间完成打卡任务，经常浏览学员群和课程群中的消息，以免遗漏重要信息。特别是尽量不要错过上课时间，很多课程，错过了就很难再弥补，很难再跟上授课节奏。

这里涉及一个选课问题。除非你精力特别充足，时间特别充裕，否则，公共必修课和专业必修课建议选1门，最多不要超过2门，选多了就顾不过来，还会留下不良学习记录。选修课可以根据自己的兴趣和时间决定。

时间从哪里来？每天24小时，为什么有的人同样的时间能做那么多事，而有的人碌碌无为？背后的奥妙是生活习惯和生活模式的不同。缺乏自律，一事无成；自主管理，朝向卓越。要想预留出学习时间，就少一些吃吃喝喝的应酬，少一些东拉西扯的闲聊，少一些漫无目的的刷手机。关于时间如何管理，可以阅读李笑来的《把时间当作朋友》；关于如何提高自我管理能力，推荐阅读《高效能人士的七个优秀习惯》；要想明白自律对个人意味着什么，可以阅读《富兰克林传》，在这里就不多讲了。

2. 自主学习

新网师是非营利性高端专业学习共同体，我们追求的是学习的质量，而不是参与者的数量。我们认为报名参加新网师者都是真正热爱学习、真正热爱教育、不愿辜负生命的老师。因此，新网师主要着眼于如何让投入学习的学员有收获、有变化，而不会像许多校长一样不厌其烦、苦口婆心地劝老师学习。

新网师有一条底线：一个学期，学员至少要选一门课，选课后至少要提交一次作业。如果低于这个底线，就会被新网师淘汰除名。看似低得不能再低的底线，还是会有一部分学员达不到。本学期，与招生同时进行的就是淘汰，300多名学员因为没有任何学习痕迹，要被请出新网师。

还有一些学员，热热闹闹加入，马马虎虎学习，匆匆忙忙应付，这样的学习，徒增一些麻烦，对自我成长没有什么意义。在新网师，你需要主动选择课程，主动购买书籍，主动询问不明白的问题，主动向讲师、组长等请教，主动提交作业，主动每日打卡。

在学习中，不要一味地依赖讲师，拿到书后，就不要等讲师的指令了，可以自主阅读，自主完成作业，不要总是等作业截止的最后一刻，才匆匆忙忙提交，甚至错过时间。

你所有关于学习的问题基本都可以在《新网师学员学习一册通》查找到，建议将其打印出来，以便随时查阅。然而，个别老师根本不看，或者马马虎虎翻一下，遇到问题不是认真查阅，而是到处发问，影响他人。

根本处，你能抵达怎样的高度，取决于自己，而不是讲师或他人。在新网师，学习越是自主积极的学员，越能够得到更多的尊重、帮助和资源。

3. 长期学习

长期是多久？

这是一个相对概念，没有绝对标准。我们认为，只要你在新网师还能汲取到新知识，就欢迎"留级"。新网师给每位学员预留了充足的发展空间，可以成为讲师，甚至更高级的管理者。

大部分学习平台因为要营利，所以设置学段、学时，到一定时间给你打一个分数，发一个证书，就宣告你学习合格，至于你真正学到多少，提升多少，就不在考虑中了。新网师则不然，在新网师学习，终极目的不是获得一纸证书，不是赢得他人的表扬和认可，不是评定职称、上公开课和发表论文，而是专业的提升和生命的成长。虽然新网师设定了毕业的条件和程序，但不设置学时，你可以无限期地在新网师学习，直至毕业。

当然，真正投入新网师中学习，反而会有助于外在目标的实现，只不过我们只是把它作为"额外的奖赏"。所以，要做好长期学习的准备，学多久不重要，重要的是收获多少。就我而言，从2009年加入新网师，截至目前已经十年了，十年间，从一名学员成长为讲师，直至今天的执行院长；也从一名中学老师转变为大学老师；从没有发表过一篇教育文章，到今天出版两部专著。写这些不是为了炫耀，而是给大家一个例子。而且，这样的例子非常多，比如这学期电影课程、语文研课、"给教师的建议"等课程的讲师都是曾经的学员。

4. 综合学习

什么是综合学习？在课程之外的学习。

在新网师，不是只选择课程才是学习，所有在新网师的过程都是学习。阅读一册通、规章制度、公告通知是对阅读能力的学习；使用新教育APP、小打卡、微信公众号等是对教育技术的学习；每日打卡、书写生命叙事等是对写作能力的学习；主动承担讲师、组长、微信编辑等更是重要的执行力、理解力、写作、管理等方面综合的学习。在新网师，承担的责任越多，学习的能力越多；付出的越多，收获的就越多。

更重要的学习是将新网师学到的知识运用于教育教学实践中，新网师反对纸上谈兵，反对坐而论道，反对为学而学。每一个学员都要带着教育教学中的问题来新网师学习，将新网师所学知识和能力运用于教室里、课堂上。在新网师的价值观里，学生的成就是教师的最大成就和荣耀，声名、论著、职称等是其次的。

夜深人静，完成一天的工作，在办公室写这篇文章，明天的任务已经在日程表上写得满满的。写完以上四条提示，有一种声音在耳畔响起：为何要如此？

不禁回想起周末教孩子们的一首诗歌：

一个人要走过多少路，
才能成为真正的人？
一座山要伫立多少年，

才能叫作沧海桑田?
人究竟要活到多久,
才能被允许拥有自由?
一个人要抬头多少次,
才能望见天空?
答案啊,我的朋友,在风中飘扬,
答案,它在这风中飘扬。

我的答案也在风中飘扬。

四、回归源头，像孔子一样当老师

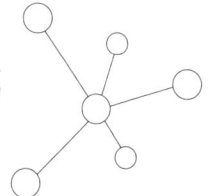

选择孔子诞辰日作为新网师开学典礼的日子是有专门用意的。巧合的是，今天也是新教育推崇的大教育家苏霍姆林斯基的诞辰日，这为今晚的开学典礼增加了不一样的内涵。

刚才朱永新、李镇西老师都做了很好的发言，我完全赞同。我今年受朱永新老师的委托，在李镇西老师的信任下，接任新网师执行院长这一沉甸甸的担子。从9月份开学以来，新网师做了一系列的调整：

邀请了新的讲师，重组了新网师教务处，新聘了课程组长，入驻了超星平台，出台了一系列制度，恢复了新网师公众号，编辑了《新网师一周简报》，发布了《新网师学员学习一册通》，开通了小打卡程序，我每日发布"新网师晨思"100多则，特别是暑期有600多名新学员加入新网师。截至目前，在新网师大讲堂QQ群的会员共有1360名。

目前，新网师各项工作基本正常运行。这与新教育各位领导的支持和信任分不开，与各位讲师、教务处工作人员、组长、超星公司工作人员以及学员的辛苦付出、大力支持、积极配合、理解宽容分不开。

虽然我们彼此不在一个空间，但每一位老师默默无闻、点点滴滴的付出，我都看在眼里，记在心上。在此，我表示真诚的感谢。

接管新网师以来，我常常想，在线上学习、网络课堂遍地开花的今天，新网师与其他线上学习培训本质的差别在哪儿?

我想用三个回归来表达。

第一,回归天命,像孔子一样当老师。

其他的网络培训,大部分是传授教育之"术",而新网师是"道""术"并重。因为我们认为一个教师仅仅注重专业发展而忽视对教师职业的认同,生命是不完整的,是很难获得内在幸福的。

像孔子一样当老师,就是把教师职业与此生在世之意义内在地统一起来,把教育作为寻找自我、完善自我、实现自我的志业;把教书育人作为点亮自我、温暖世界的火光;就是自觉地体认中国传统文化,知行合一,做一个坚守大地的理想主义者。

第二,回归阅读,向朱永新、李镇西一样当老师。

而今,老师缺乏阅读甚至不阅读是普遍现象,大部分中小学老师阅读能力低也是一个共性。许多在线培训是讲师把自己学习后的体会和心得深入浅出地讲给学员听,虽然这样也能增加学习者的知识,但很难真正提升学员的学习力和理解力。

新网师要带着老师直面并攀登一座座知识的珠穆朗玛峰,带着学员啃读一本本形成其专业思维方式并深刻影响生命以及精神气质的书籍,并在教室里将其活出来。新网师是要通过共同体的力量培养阅读习惯,提升阅读能力,进而养成终身学习的习惯,摆脱被动"输血",增加自我"造血"的功能。

第三,回归研究,像苏霍姆林斯基一样当老师。

教育是一门专业,是专业就需要研究。为什么千千万万的校长中,苏霍姆林斯基能超越时间和空间的限制,影响今天的我们,并必然影响未来的一代代教师呢?就是因为苏霍姆林斯基是数十年如一日扎根一线研究学生、研究教学、研究教育,因为是用研究的态度对待教育工作,所以领悟了教育真谛,没有职业的倦怠感,才成为伟大的教育家。

而今天许多老师缺乏研究精神、缺乏钻研理论、缺乏反思总结、缺乏书写记录、缺乏博采众长,慢慢成为一个经验型教师,很难从平凡走向优秀,从优秀抵达卓越。一句话，如果其他线上学习是让学员把复杂的教育变得简单，而新网师是让学员把简单的教育变得复杂。

老师们，我知道，今天谈这些感觉还比较遥远，甚至生疏，今天的新网师，远远未达到理想的状态：学习平台还不完善，制度还不够健全，课程还不够丰富，讲师队伍还不稳定，工作流程还不够完善，讲师与学员对新网师认同感还不强，教务处的工作还有待提高，等等。但之所以今天要阐明这些，是提防我们误把起点当作终点，误把井口当作整个世界。

在这里，期望各位学员：

一是相信岁月。学习一定要持之以恒，避免三天打鱼两天晒网，稍微有外在的影响，就把之前的学习规划遗忘；不要成为叶公好龙，嘴上说重视学习，但往往把学习排在次要位置。任何一项技艺，都需要在岁月中打磨和沉潜才能炉火纯青。

二要相信自己。每一粒种子都有开花的可能，每一个人的内心都有潜在的能量，每一个个体都有王阳明所说的"良知"。学习中，不要过分依赖讲师，不要寄托于有什么阿拉丁神灯，真正的收获都不会轻易得到，除非自己上路，否则，没有谁能代替你抵达。

三要耐得住寂寞。虽然我们无法摆脱世俗的牵绊，但在新网师学习，不要瞄着职称、论文、荣誉等外在的东西，不是为了世俗的功利。在新网师，教师的成就感应该来源于学生的成长，即你培养出了怎样的学生。我们认为，这是对一个老师最高的回报，而荣誉、职称等是"额外的奖赏"。

四是作为一名执行院长，我承诺将认真履行自己的职责，吸纳更多"尺码相同"的人，守护新网师文化，捍卫新网师制度，创造新网师辉煌。勤勉行动，真诚言说，以不辜负朱永新老师的信任，不辜负大家的期待。

我认为，这一切不是外在于我的工作和负担，其实是修炼自我、抵达自我的过程。与老师们同行，我们一起携手上路。

五、何以成为"我们"？

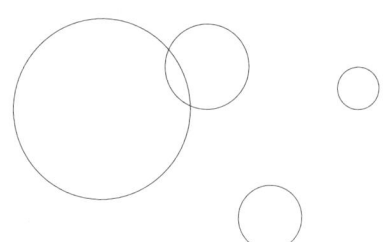

近期，新网师除了完成新学期招生工作，还做了几方面的工作：一是按照制度，清退了 200 多名在上学期没有任何学习痕迹的学员；二是评选出了 2018 年度十佳生命叙事；三是多方联系筹备 5 月底举行的"新网师线下构筑理想课堂高级研修班"。

有一件值得庆贺的事情。新网师微信公众号在 2 月 25 日关注量达到 10000 名，而且，现在每天平均以两位数的数字持续增长。要知道，我们对新网师微信公众号没有任何刻意宣传。去年 7 月，新团队刚接手新网师微信公众号时，关注量只有 4000 多，短短半年，关注量就翻了一倍多，背后凝聚了整个团队，尤其是"繁星"、王小伟、杨茜三位编辑的大量汗水和默默付出。在三位编辑的努力下，微信公众号做到了日更，且文质兼美。

每一项看似简单的工作幕后都有大量琐碎的事务，每一项事务我们都反复考量斟酌，比如评选年度叙事就是一项浩大的工程。

1. 我先后用两周时间通读了 700 多篇共计 200 多万字的生命叙事，初选出 74 篇入围文章。

2. 由 74 篇文章的作者组成评选委员会，根据评选标准，阅读 74 篇文章并投票，得票数排名前十的文章即为年度十佳生命叙事。

3. 由十佳叙事的作者组成点评团，对十佳叙事进行点评。

4.联系朱永新和李镇西老师,为十佳叙事作者寄签名书。值得一提的是,作为奖品的书本来应该是新网师购买,但朱老师和李老师非常支持,他们自己掏钱购买了书籍。

5.联系新教育研究院,制作获奖证书。

....

如果仅仅是评奖,流程可以不必如此复杂。

为什么要这样做?

背后有很深的考量。评选是一个形式,鼓励榜样,彰显榜样,激发带动其他学员是显性目标。通过共读、共写、共同生活构建专业学习共同体,把新网师筑造为全体成员的精神家园才是深层目的。

共读、共写、共同生活是新教育的核心理念之一,也是指导新网师的核心思想。关于共读、共写、共同生活,新教育2007年年会主报告有非常精彩的阐述,这里先摘录几段。

> 共读、共写、共同生活,是过一种幸福完整的教育生活的必由之路。
>
> 共读,是一个班级、一个家庭、一所学校、一个社区、一个国家乃至整个人类通过阅读继承共同的文化遗产,拥有共同的语言和密码,从而能够共同生活的最重要的途径之一。
>
> 共写,是指同学之间、师生之间、亲子之间乃至整个社会通过反复交互的书写,彼此理解,并在不断的自我反思中加深认同、体认存在的过程。
>
> 共同生活,是指同学之间、师生之间、亲子之间、社区成员之间,乃至东西部之间以及所有公民之间,通过共读、共写、共做(行动)等途径彼此沟通,相互认同,在保持差异性的同时不断地消除隔阂,并逐渐拥有共同的愿景、共同的未来。共同生活的努力,也是整个社会逐渐民主化的过程。
>
> 共读、共写、共同生活,意味着这样一种文化上的努力,即恢复书香传统以及书写传统,在现代生活背景下,通过对传统文明以及人类文明的反思继承,逐

渐形成新的价值观,将班级、学校、家庭、社区、国家重新凝聚起来,冲破个人主义屏障,打破人与人之间相互隔离的状态,恢复生活的整体性以及人与人之间的联系,从而不断地创造新的更加美好的未来。

——摘自《新教育年度主报告》

评选委员会的许多老师在认真阅读了74篇叙事后,真切体会到这是一次极佳的学习机会。

刘玉香老师由衷地说:"从这次评选中我得到的启发是,得奖已经不再重要,我在阅读文章的时候,学到了很多的学习和工作方法……"

木子老师感慨道:"学然后知不足,这样挺好。看到这么多优秀的同行和我走在同一条路上,我觉得自己也充满了力量,有了勇气,也有了目标。虽然和大家素未谋面,但是感到心灵连在一起,这是很幸福的一件事。"

杨霞老师的反思非常深刻:

进入新网师学习已有半年的时间,总觉得自己确实收获了不少,可现在才清醒,真的是九牛一毛,甚至连"九牛一毛"也谈不上;还自不量力地报了"榜样教师进新网师"系列活动。本月18号便被安排分享,突然懂得"无知者无畏",突然想要放弃,因为顿感自己思想的浅薄、实践的浅陋,没有太多自己的创新,无"榜样"而言。

听到郝老师一番经历,好似醍醐灌顶。

深感惭愧,有时会觉得"编外人员"再努力也没有用,有时会认为"教育新人"不优秀也没关系,为自己的懒惰寻找了太多的借口。此时几乎无地自容,因为这次的文章并没有字斟句酌地衡量,甚至没有认真拜读,是对各位老师和自己的极其不尊重!真的没有人会随随便便成功,没有付出哪来回报!真心向郝老师和各位前辈致歉,决心向大家学习,付诸行动,认真践行新教育理念,不做思想的巨人、行动的矮子。

思想强大方是成长，思想自由才算成功。从研读生命叙事开始，新教育，新网师，我真的来了！

老师们通过共读而得到的内在觉醒是其他外在的方法很难实现的。

对于共读共写的价值，杜威说："人们因为有共同的东西而生活在一个共同体内……为了形成一个共同体或社会，他们必须共同具备的是目的、信仰、期望、知识……""人们住地相近并不能成为一个社会，一个人也并不因为和别人相距很远而不在社会方面受其影响。一本书或一封信，可以使相隔几千里的人们建立起比同住一室的住户之间更为紧密的联系。"

理解了共读、共写、共同生活的内在精髓，就能明白为什么我要撰写"新网师一周观察"，为什么倡导打卡，为什么要开辟新网师微信公众号，等等。正是通过共读共写，新网师才得以成为学员的精神家园，分布全国各地的学员才真正成为"我们"。

回顾我过去十年的历程，不论是在海南五指山带领大学生实习支教，还是在原平市管理一个团队，不论是组织"常春藤"读书会，还是主持新网师工作，我都一以贯之以"共读、共写、共同生活"作为管理的核心指导思想，受益匪浅，成效显著。

新网师期望与大家一道，努力恢复共读的传统，培养书写的习惯，在家庭、学校、班级、团队中，一道晨诵美妙的诗歌，一道阅读中外经典，一道编织有意义的生活，一道经历生命中的悲喜，真正实现共读、共写、共同生活，那么个体的梦想、家庭的梦想，乃至我们民族的梦想都将能够在未来实现。

六、为什么不强求讲师批阅作业?

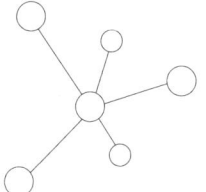

一位学员在"积极心理学课程群"提问,希望陶新华老师除了能给作业打分数,还能批阅点评。

非常理解老师们的这种希望,其实,有这种想法正说明了这位老师对学习的积极和认真(如果不交作业或者随便应付的老师,肯定不会有这种提问),而且这也是非常合理的要求,老师如果不批阅作业,就不能详细了解学情,无法做到因材施教。

但新网师只是要求讲师布置作业,没有强求讲师必须亲自逐份批阅作业。

既然讲师不一定批阅作业,提交作业的价值是什么?是不是就可以随意写呢?当然不是,如果把认真写作业建立在讲师批阅的基础上,那是不成熟的认识。因为,写作业一方面是让讲师了解学习情况,以增加授课的针对性,另一方面主要是为学员上课奠定扎实的基础。

从最近发展区理论来看,完成作业,是自己所学要抵达的高度;上课,是跟着老师学习要抵达的高度。学习的价值就在于从第一高度达到第二高度的过程中。课堂学习的效果受限于预习的效果,预习充分,就有一定的基础,是带着一定的知识背景和困惑听课,这与预习不充分、完全以陌生的感觉听课是不一样的。所以,不论讲师是否批阅作业,学员都应该认真完成并提交作业。何况,许多讲师是认真阅读作业的。据我所知,李镇西、陶新华、刘广文、王子等讲师都是非常认真地批阅作业的。

（一）

为什么新网师不强求讲师批阅作业？

因为讲师们都太忙了。仅在新网师授课都需要投入相当多的精力和时间，没有任何报酬（或者报酬微薄的情况下）能高质量上课已经很不容易，怎能再强求花费时间和精力批阅作业？

从我来说，每次授课，至少要用一天的时间来准备。很多时候因为白天要完成单位的工作，只能在中午或者晚上加班来准备。我每天还要阅读小打卡、点赞、点评、置顶，要完成新网师日常运营工作，如果再加上批阅作业的任务，基本成了一个大学全职老师的工作了。而新网师只是我工作的一部分，除此之外，还有大量的工作和日常事务需要完成，哪一项都需要花费时间和精力。

大家知道，李镇西老师每天的工作非常密集，时间是非常宝贵的。记得有一次李老师对我说，为了晚上授课，他推掉其他事准备了四五个小时，并约了超星公司的员工专门来做授课的技术服务。

陶新华老师是苏州大学心理咨询中心主任，既要负责中心日常工作，还要代课、做科研，还有讲座、访学等事务，想一想就知道工作有多么繁忙。

除了李镇西、陶新华等名家，其他讲师的工作繁忙程度也都大体如此。

所以，学员要求讲师批阅作业是合理的，这也是新网师未来要努力的方向；但在目前，讲师不批阅作业也是合情的。

（二）

要实现讲师批阅作业，以及进一步提升课程品质，需要新网师进行系统的整体改革，通过实行收费制，支付授课薪酬，会聚讲师，提升课程品质。

新网师的品质取决于课程，课程的关键在于讲师（即谁来讲授这门课），靠理想和情怀以免费的形式来会聚讲师，也不是不可以，但很难长久保持高品质并发展壮大。

为什么？

因为很难会聚一流专家，很难要求一流专家沉浸课程。

现实的情况是：工作压力不大、时间和精力都很充足的普通老师，无法提供高品质的课程，也缺乏强大的号召力；能提供高品质课程、有强大的吸引力和号召力的一流专家，没有一个工作是清闲的、时间是宽裕的。

几年前，虽然新网师也提供公益性、品质高的课程，但当时的核心讲师都是专职，而现在所有的讲师都是兼职，他们除了在新网师授课，都有自己正常的工作。曾经，新网师也举办过一些公益培训，那是因为有爱心人士提供赞助。

要想保持课程高品质，除了请来一流的专家，还需要讲师像小王子驯养玫瑰一样，持久地付出时间和精力：授课前认真拟定课程方案，充分备课，按时上课，每次授课后精心布置作业，对几百份作业认真批阅，打出分数并写出评语，每天阅读小打卡，用点评、点赞等方式互动，随时在课程群回答学员提出的问题……

而讲师要做到这一点，要么是透支时间和精力，要么是推掉其他工作和事务。无论哪一种情况，要求讲师把主要精力投放在没有待遇（或者待遇微薄）的新网师，这是不现实、不合理也是不能持久的。

有没有义务上课的情况？有，对于一流专家或一线卓越教师来说，偶尔一两次友情帮忙是可以的，但要按照上述要求那样持久投入，几乎不可能。

举个例子。

大家可以想想，李镇西老师日常的行程有多密集？外出作一个讲座或者报告收入是多少？

让李老师把主要精力投入新网师课程，需要增加多大的负担？如果推掉其他工作，结果就是推掉许多给报酬的讲座，来做没有报酬（或报酬微薄）而且学员还不一定珍惜的事。随便一个人面对此种情况，都知道该如何选择。当然，我不是说，李老师或者其他讲师仅仅奔着物质利益来选择。

就以我来说，现在除了必要的休息和吃饭，很少有完全闲暇的时间。

本周六上午超星公司来录制讲座，下午准备晚上的"常春藤共读"，晚上 7 点开始共读，结束回来已经是晚上 11 点。今天（周日）早晨起来阅读完小打卡，处理了一些事务，就开始写"新网师一周观察"，一直写到现在（中午 13 点 20 分），再写 20 分钟，就要外出上课。15 点 30 分下课，立刻就要开车送孩子上学，送完回来正常都是晚上八九点。这是周末，日常工作期间，很多时候都是早晨上班，中午随便买一碗面吃完，继续工作或学习，每天回到家一般都是晚上 10 点左右……

一周当中，除了单位正常的工作，在工作时间之外还有三场讲座、一次授课，还要写两篇文章，处理其他不可预料的事务。

我是如此，其他讲师与我的节奏也都差不了多少，甚至比我更紧张、更繁忙。

（三）

如果一直以公益的形式运作新网师，会如何？

一般有两种情况：一是请不来一流专家，只能由比较优秀的老师担任讲师；二是能请一流专家做一两次讲座，但不可能持久。这两种情况都会导致新网师的品质下降，最后失去对讲师和学员的吸引力，逐渐萎缩。

当然，因为收费是为了维持新网师运营，而不是为了营利，所以，所收取的费用不会很多，尽量给老师们减少开支。

如果给讲师提供一定的讲课薪酬，那么，讲师与新网师就形成契约关系，而不是友情帮忙，我们就可以对讲师的授课制定出要求和标准，而不像现在，我只能倡议，而不好意思提出过高要求。

反过来，要求学员交纳一定的学费，学员也会对加入新网师学习持认真态度，而不像现在，因为是免费的，许多学员是热热闹闹加入，随随便便学习，马马虎虎上课，甚至，加入后就不见踪影。

所以，不久的将来，新网师收费制要提上议事日程。拿收来的费用支付讲师讲课费用和日常运营费用，才能保证新网师长久良好地运行。否则，吸纳不来优秀的讲师，连团队都无法运转，还谈何照亮他人？

也许，有学员说，如果免费我就跟着学习；如果收费，我就不来了。有这种认识也是正常的，只不过，正如一个学员引用陶新华老师的金句回复："享受特殊待遇的人是无法成长的。"

七、新网师中的"马太效应"

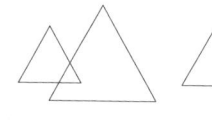
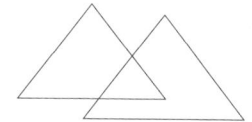

今天是二十四节气中的小雪。此刻,我坐在有着巨大玻璃墙的办公室里,金黄的阳光穿透紫色玻璃打到办公桌和电脑上,绿萝滴翠,暖意融融,如果不是阅读这些文字,都要忘记窗外是大地肃杀、生命沉寂的冬季了。

过去一周,忙碌依然。

应《中国教师报》邀请,我在内蒙古乌兰察布市给来自十几个县市的150多名老师作了有关组建读书会的报告,并导读了《教师阅读地图》和《儿童的人格教育》两本书。与四川省旺苍县教育局合作培训之事也基本谈妥,新网师将组建专家团队赴旺苍县进行区域新教育实验专题培训。在久久的期盼之中,我的第二本书《改变教育的十二个关键词》付梓,并拿到了样书,再过半个月,应该在卓越、当当和京东网上可以买到。

岁月静好。"榜样教师进新网师"系列讲座、周报、微信公众平台、小打卡、课程等有条不紊地各自高质量运转着。大浪淘沙,随着课程的推进,一批优秀学员脱颖而出,如方娇艳、翟小洁、鲁正群、王辉霞、智静、穆勒滚、程景轩、李宏伟、张海英、徐明旭、贾明娜等。以日以年,应会成为新网师榜样学员。

这些优秀学员,不论是上课、提交作业,还是每日打卡,都呈现出刚健进取的生命状态。他们沉浸课程,刻苦学习,启迪智慧;他们相互启发,产生共鸣,砥砺前行;他们啃读经典,深刻顿悟,唤醒生命。

青海师范大学附中的翟小洁老师动情地说："进入新网师之后，经历'啃读'，经历理解化的阅读……才朦朦胧胧知晓自己的大致模样，才意识到以前的阅读都是停留在浪漫阶段，零碎而不系统。谢谢'生命中的贵人'，让我来到这里，让我遇到了一个又一个'生命中的贵人'，让我看到发光的心灵、发光的生命。"

贾明娜老师说："《儿童的人格教育》这门课程对原来的教育观念有很大的冲击，感觉之前自己学习的就是心灵鸡汤的教育鼓励，学的是'大白空'教育理论，只是为了工作而工作，从未真正想过为自己的内在提高和规划些什么。"

穆勒滚老师感慨道："一直认为在新网师参加学习的我，算是个爱学习的人，每天争取阅读《儿童的人格教育》，做阅读笔记、打卡、思考思维导图等，觉得自己已经很充实了。今晚和学习群里的张海英老师聊天，才知道什么才是真正的学习者！她告诉我她最近的阅读内容是这样安排的：每天早上6点半到7点半读《如何阅读一本书》，白天有空就读《我们怎样思维》，晚上睡觉前记性最好，就读《儿童的人格教育》和郝晓东老师的《给青年教师的四十封信》，昨天已经读完。加上打卡、思维导图、作业，还有学校必须完成的诸多繁杂的事情，我不知道张老师是怎样利用时间的。感谢新网师，不仅让我学习到很多知识、学习方法，还遇见了很多像张老师这样优秀的同行，让我不断改进自己的学习和生活方式，去做更好的自己。"

当然，我们也看到，虽然同处新网师，也有部分学员"清风徐来，水波不兴"。"马太效应"是说：已经有的，还要加倍给他，叫他多余；没有的，连他所有的也要夺过来。新网师也有"马太效应"：知识丰富、能力强的人爱学习，知识匮乏、能力不足的人不爱学习；有空闲学习的人会越来越轻松，忙得抽不出时间学习的人会越来越忙。

知识丰富、能力强的老师与知识贫乏、能力不足的老师，谁可能学习更勤奋刻苦？你可能觉得是后者。但恰恰相反，知识丰富、能力强的人更刻苦、更勤奋。

生活的真相是：见识越广博的人思维越灵活，知识越贫乏的人越固执僵化；

爱学习者总能抽出时间，不爱学习者总能找到借口；成熟者善于批判自己，不成熟者习惯埋怨他人……

新网师学员郭小琴老师有三十多年工作经验，曾长年担任教育局领导和校长职务，在已经快退休的年龄依然每天阅读打卡，提交作业，常常深夜驱车到异地参加共读，即使是长途乘车，也不忘读书学习。而有的年轻人，学识贫瘠，经验匮乏，即便宝贵的学习机会就在身边，也视而不见、听而不闻，懒懒散散。

一些老师对工作缺乏热情，对知识缺乏好奇，对自我缺乏反省，对未知缺乏探索勇气，对所教学科缺乏热爱，对学习规律缺乏理解。

不注重合作学习，在自我学习上忽视参与共同体与他人交流切磋，在教学上习惯"填鸭式""满堂灌"，不善于组织学生合作探究。就其本质而言，是对学习的本质缺乏根本性领会，只注重知识的灌输，而忽视学习能力的培养；只注重少数学生的学习，而放弃了多数学生，人为地制造了一大批"学困生"。

什么是学习？在日本教育家佐藤学看来，学习是从既知世界出发，探索未知世界之旅，是超越既有经验与能力，形成新的经验与能力的一种挑战。真正的学习要经历三重对话：自我与客体（教材）的对话，与他人（伙伴或教师）的对话，与自己的对话。个体通过与他人的合作，产生多样的思想碰撞，实现自我与客体新的相遇和对话，从而产生并雕琢自己的思想。因此，学习在本质上就是合作性的，不组织合作学习，每一个人的学习就不能成立，要提高每一个人的学习能力，就不能缺少合作学习。

这几年，如果说我在教育领域有些长进，完全得益于在共同体中的合作学习。不论是我在农村组织实习支教老师共读，还是现在在常春藤读书会集体学习，一方面我要承担讲书导读的任务，逼迫我提前深刻学习，完成自我与客体的对话；另一方面，在共同体中通过与他人对话，深受启发，磨炼自己的思考力和批判能力，丰富见识，提高认知。

学习能力低者，本来更需要参与合作学习，然而，他们只想独自学习，不喜欢向他人请教，总想独立地摆脱困境，却越来越多地遭遇挫折。

与单向的听课和看书相比，新网师注重实时授课，就是为学员创设合作学习、相互切磋的机会和平台，然而每次授课，未能参加的学员以为课后弥补即可，岂不知错过了宝贵的合作学习的机会。

如果说不重视合作学习是忽视与他人的对话，那么学习上的另一个误区——过度依赖他人，是忽视与自我的对话。

上周，我与乌兰察布的老师们交流时说："学习能不能有真正收获，不取决于哪个高人来讲，而取决于自己的投入，把学习的效果完全建立在他人讲授的基础上是错误的，听专家讲授有多少收获与自我的学习投入有直接关联。"

我以新网师授课为例来说明。这学期，选修《儿童的人格教育》课程的许多老师应该收获很大，常有拨开云雾、豁然开朗的顿悟。原因是什么？固然与我的讲解有关系，但最主要是老师们认认真真预习了文本，反复琢磨，画了详细的思维导图，完成了书面作业。老师们在自我与教材的对话中，把很多内容理解了。这样参与上课，就不是零起点，而是带着困惑聆听，与他人对话。除非有自我的学习为基础，否则，依赖他人单纯听讲，很难有真实的收获。哪怕你感觉收获满满，也不过是自我麻醉而已。

许多人认为学习是一点一点使人转变的，其实不然。除了一点一滴的转变，还有长期不见成效，但某一天跳跃式一举成功，合作学习就为这种机会提供了丰富的准备。在新网师学习，希望老师们无论是作业、打卡还是上课，都认真完成。至于学习后还不完全理解，其实不是那么重要，因为只要学习在我们大脑里真正发生，日积月累，就有豁然开朗的可能。否则，一旦掉队，就没有"懂"的可能性了。

新网师对于学习的态度是，让一部分人先"富起来"。学习越投入，给予的支持和帮助、机会和平台就越多。为什么？因为我们深知，成人是很难被改变的，我们不做徒劳无功的事，我们只希望唤醒、召唤、会聚一批"尺码相同"的人，一起上路，一起探寻教育的真谛，一起寻找最真的自己。

小雪过后，燕子已经远离中原，夏日的昆虫在大地已经销声匿迹，大雁和天鹅正伴随着寒霜和微雪一道南下。大地沉寂,万物安静,冬日漫长的寒冷和孤寂需要万物去承受,然后静待来年的萌发与悸动。

我们,也期待你生命中的春暖花开!

八、失去勇猛精进，留下也无意义

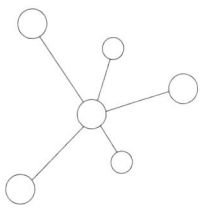

即将被淘汰出去，虽说我心里很难过，舍不得离开，但是我还是服从新网师制度。所以，我主动退出本群。

正因为新网师的严格要求，才凸显新网师精神的可贵。而这种精神一年来已经深深地影响了我。我相信，这一年，我虽然暂时离开新网师，但是，我的阅读，我的心，是与新网师的每一位学员一直在一起的。

一年来，一直跟随"车行天下"老师的西哲课程，让我深刻地体验到了新网师精神，并对我产生了最直接的影响的，就是"车行天下"老师的认真、执著、严谨、宽容、原则……（原谅我，词汇量有限，有所领会，却难以找到最贴切的词语）还有"飘飘"老师默默的支持，以及那些优秀的群友：俊杰、小荷、佳人、绚之平淡……真希望，明年我重进新网师，依然能和你们在一起，每次看到"车行天下"老师的授课，看到大家的发言……

学友们，我们来年再见！

——摘自一个即将退出新网师的老师的临别感言

新网师清群，地动山摇。

本周，教务处对每一名新网师学员的学习情况进行了核实、统计，根据规则，三百多名没有达到最低学习要求的学员不得不离开新网师。其中有许多是曾经的优秀学员，甚至包括一些在新教育中赫赫有名的榜样教师。

我相信，许多老师是带着不舍离开的。

"秦时明月"老师，这学期选修了我主持的教育学经典课程，而且及时认真地提交了预习作业，然而，由于没有达到新网师规定的最低学习要求，在研讨前一天，离开了课程群。

非常遗憾！

然而，遗憾归遗憾，规则面前人人平等。

（一）

要得到新网师的认可、接纳是不容易的，除了提交阅读史、申请书，还需要有新网师人的推荐，如果审核不过关，一个宝贵的资格就此失去，当然遗憾。我不知道，除了新网师，一线中小学教师还能在什么地方找到如此方便快捷、高端专业的学术指导和引领。当然机会也许还有，但基本上没有"免费的午餐"。离开的不仅仅是新网师这样一个虚拟的空间，而且还是一群"尺码相同"的人。失去了共同体内相互的切磋和砥砺，失去了榜样的激励和引领，个体很容易被世俗的生活淹没，被琐碎的事务性工作"碾碎"。网络上碎片信息铺天盖地，各种声音喧嚣杂芜，但真正能启迪心智、唤醒内心的灵魂的声音并不多。因此我非常理解即将退出新网师者的内心感受。

不管怎样，新网师欢迎您再回来！

想要出发，任何时候都不晚。

（二）

对新网师来说，如果失去了围绕在真理"篝火"旁的"手舞足蹈"，而满足于在封闭的小圈子里互相奉承，如果放弃了对根本书籍的勇猛精进，而泡在大量的心灵鸡汤中,如果丢弃了对教室的"朝思暮想",而寄希望于活在虚幻的他处,如果抛弃了对自我存在的不懈追问,而乐呵呵地沉浸在当下蝇头小利中……那么,新网师也就失去了存在的意义。

为了主持好自己的课程,我也试着加入了一些以探讨学问为目的的学术群。结果非常遗憾,许多群日常充斥的除了客套寒暄和各种广告,就是碎片化的信息、武断的结论乃至愤世嫉俗的抱怨等。还有的群,除了转发一些名人的微博和观点,基本上就是停留在"意见"层面的聊天。要认真地开展一场讨论,总得有必要的共识作为前提,总得有各自充分的预习,这样才能系统、有深度。对新网师来说,为了避免以上的不足,必定会对参与者有一个起码的"底线"要求,比如,讨论前要充分预习,一学期起码要选择一门课程,起码要提交一份作业(不要求一定合格),年底要提交一篇年度叙事。如果连这些要求都做不到,那么,新网师对你来说也就失去了根本意义。而这,恰是新网师不愿看到的。

新网师何以证明自身的意义?那就是每个学员的成长。从这个角度说,新网师应该是卓越教师的孵化器、加油站。

因为多情,所以无情。

每个人的时间和精力都是宝贵的,尤其对于真正在做学问、把教育当成毕生使命的李镇西老师等新教育人,他们不是端坐在高等学府或科研院所坐而论道,也不是为了炫耀才学以追求粉丝的数量,他们是在繁忙的工作之余,打开一扇门,希望找到一些"尺码相同"的人,共同在通往真理的路途上求索。多数新网师人也是如此,希望能在此点亮自己,而不是多一个消耗时间和精力的场所。

因为真诚,所以苛责。

如果失去了实实在在的啃读,失去了孜孜不倦的学习,失去了对教室的魂牵梦绕,也就不是"尺码相同"的人。之所以进行一年一度的资格审查,除了甄别、筛选的功能,也是对每一个学员负责,尤其对徘徊在新网师边缘的同学,不啻于当头棒喝,唤醒,督促!

（三）

有的学员，加入很积极，但学习很消极；有的内心心潮澎湃，但行动漫不经心；有的闲聊时很脸熟，但作业里很陌生。很多学员因为家务、工作等原因，认为即使没有课前的预习，没有提交作业，但只要能在授课群旁听，或者补看授课记录，多多少少总是有收获的。但问题的关键正在于此，正是这样一种心理，导致自己不会有质的提高和飞跃。

写作业才是学习的真正开始，也是提升自我的核心环节。

借用怀特海关于教育节奏的理论，新网师的学习也有一个"浪漫—精确—综合"的三阶段过程。

为提交作业而进行的学习，属于浪漫期。这一时期内，学员通过阅读书籍、查阅资料、参与讨论、预习批注文本等，对文本内容有笼统的感知、初步的了解，当听了讲师的讲解后，激发起一定的兴奋感，有了比较深刻的认知，但这些理解、认知是片段的，是未经整理和不系统的，是停留在词语层面而未经实践检验的。

写作业，是精确期的开始。在这一阶段，你要用自己的语言梳理知识，或者把书中的规律、原理应用到实践中来解释某一教育现象，解决某个问题，或者围绕某一概念进行深入阐发，或者对某一文本进行准确解读，或者用新理念指导一堂课。

许多学员都曾经历过写作业时那种纠结、痛苦和"书到用时方恨少"的折磨。心中若有所悟，但就是难以清晰地表达出来。虽然写出来了，但言不达意。严格来说，如果不能清楚地说出已理解的内容，实质还是不理解。

写作业时的"痛苦"源于新我与旧我的激烈冲突，是自身智力结构在进行更新，虽然会引起必要的混乱，但这是建立大脑"新秩序"的必由之路。

我对前几天撰写《教育的目的》讲义时的"痛楚"记忆犹新。要主持好课程讨论，讲师不仅需要自身透彻理解，还要深入浅出、详细清晰地说出来，不仅要讲清楚内涵，还要理解核心观点对现实教育的启发，否则，说出的还是僵死的知识。为了写好讲义，我又将文本通读、批注了三四次，再次细读了前任讲师的课程记录，在网上下载了十几篇相关论文。即使如此，在撰写讲义时，依然感觉力不从心，5000字左右的讲义酝酿了一周，撰写了两天，但还是不理想。

记得2009年我刚加入新网师，参加理想课堂研课，当时正好在乡下支教，条件简陋，信息不畅，但好处是生活简单，没有干扰，能让我将思维聚焦在一点而不至于分心。每次交研课作业、撰写文本和教材解读时，我把自己关在办公室里，大脑犹如手表在精密转动，凝神静思，字斟句酌。那时上网不方便，为了理解一个词、一个句子，我反复琢磨，绞尽脑汁，直到写完全部作业，晚上到附近的朋友家发送给讲师。虽然很累，但那是酣畅淋漓的累，而不是无所事事的疲倦。

后来我到了海南带大学生支教，承担了新网师一年的研课任务，透彻地研讨了二十多篇小学课文，从一开始用一周时间写一首诗的讲义，到后来用一上午的时间写一篇文章的讲义，甘苦自知。然而，现在回想起来，恰恰是那段艰难穿越的过程，成为我最重要的财富。那时，我穿梭在各所学校之间指导大学生实习支教，研课、听课、评课是生活的主旋律，高端的研课，海量的听课，思维异常活跃，兴奋之时，会亲登讲台给大学生示范上课。逐渐地，我的评课不仅得到大学生的认可，也得到当地学校和教育局的认可，后来还担任了五指山市小学语文课堂大赛的总评委。

其实，对苏霍姆林斯基的《给教师的建议》，我也是下了一番功夫的，除了详细批注，还和大学生反复阅读，但由于没有提交过作业，没有将其中的理论运用到实践中，所以，虽然对文本很熟悉，但还没有内化进知识结构中成为"自动化"处理问题的武器。我在新网师可以自由听课，比如哲学、文本解读、完美教室等，从2009年开始，旁听了多年，也大量阅读了相关书籍，但由于没有经历研课的那种直触内心的痛楚，所以，只是熟悉了一些词语，而没有改变自身的知识结构。

"纸上得来终觉浅，绝知此事要躬行。"说这么多，主要是为了说明写作业的重要性。

当知识已经内化进自身知识结构，转化为处理问题的能力，当理论能指导实践、运用实践并显现成果，当遭遇问题，不再将焦点聚集到"专业武器"时，就可以说，你已经度过了精确期而进入综合期。

那么，你可以开始新的领域，进入下一轮的"三阶段"循环了。

（四）

333名学员被淘汰出了新网师，这是一个相当大的数字。

这给我带来深深思考——

一方面，不要因为淘汰数字有点多，就动摇了新网师卓越的标准。新网师是高端的学术共同体，真正"尺码相同"的人本来就不是社会中的多数，所以，大可不必为这个数字而纠结。

另一方面，作为讲师也要反思，我们是否打造了卓越的课程？是否在课程上投入了足够的时间和精力？是否尽自己所能达到了自己的最高点？

不是所有老师都有权力批评学生，对教室心不在焉，对工作无动于衷，对学生放任自流的老师就没有批评学生的权力。爱人者方有责人之权，只有老师做得比学生好，成为学生的榜样，才有权力批评、指责、教训学生。

对我来说，做得还不够。虽然家务、工作、应酬很多，但这都不是理由，很多时候我们常用一个"忙"字掩盖了自我管理的不足。许多卓越之人，职位比我们高，事务比我们多，工作比我们忙，但著作等身，才华横溢，为什么？首要原因是其有超强的自我管理能力。

自我管理的核心是控制能力，即古人所说的修身。对我来说，对自我的管理还很粗放：时间、精力还没有充分规划、利用好，情绪的管理，碎片时间的利用，事务的选择等，都有待进一步提高和优化。

（五）

很多时候，我想，完全不必纠结于"新网师"这个名词，更不必纠结于新网师的几条标准，而应该不断追问：

学习的真谛是什么？

什么才是真正的为学之道？

我们为何而学？

的确，真实的生活有时候令人感到恐惧或沉闷，但人生的精彩正在于与现实的搏杀中，否则，我们也会成为令人恐惧和沉闷的一分子而浑然不察。

九、期末了，我想对你说

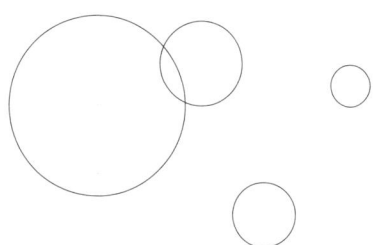

又到岁末，天时人事日相催，冬至阳生春又来。

四川旺苍县与新网师的合作进展顺利，近期即可签订协议，旺苍县将成为新网师第一个线下培训基地。类似的线下培训基地我们将陆续再合作几个，等新网师有了一定的"造血"功能，将组织线下高级研修班，由新网师出资邀请那些为新网师做出贡献的讲师、组长、微信编辑，乃至优秀学员会聚在一起学习，作为新网师"额外的奖赏"。前几天，我收到了朱永新老师签名的新年贺卡（信）。贺信中"我依然坚持每天早晨5点左右开始阅读写作"这句话让我触动，让我汗颜，学识比我高、年龄比我大、工作比我忙的朱老师都如此勤勉，自己还有什么借口？

（一）

随着期末的到来，新网师的课程陆续进入尾声，到了布置作业、综合考评阶段。当然，课程的结束其实是学习的真正开始，只不过，不知有多少学员能真正理解。新网师也将开始起草《寒假招生简章》、联系讲师、规划下学期课程等一系列工作。周二晚上，《儿童的人格教育》课程进行最后一次授课。课后，我发布了下学期将开设"教育学经典研读"课程的计划。

在"小打卡"中，很多老师表达了对新网师学习的恋恋不舍以及满满的收获。

陈欢老师描述了"王子微课"的魅力:"这到底是一个怎样的课程呢?让人一拿起手机就想着打卡,想着如何制作微课,想着还可以用上哪些小程序、APP,想着周四的最后一次直播,想着各地的'王子微课'学员们正埋头做微课,想着那些精彩的课堂里老师们使用的课件、视频,想着城市课堂里扫一扫各种数据马上汇总,想着那些奇怪的符号,想着那些秒变的技术。对,怎么能忘记移动微码呢?那一串串的二维码,记录着我们的工作、生活和学习。这就是'王子微课'的魅力,王子老师的魅力,选了的下学期还想学,没选的下学期都想选。"

李霞老师描述了选修"积极心理学"课程带给自己的变化:"1. 对自我情绪的管控能力有所增强,在爆发不良情绪时,能很快意识到自己错了,转而控制住不良情绪的漫延。2. 当内心有消极情绪时,能够尽快调整,向事物好的方面想。3. 能够就地消化外界消极情绪,避免对自己产生负面影响。"

玉苗老师记录了选修《儿童的人格教育》课程给自己的成长:"对我来说,跟随郝晓东老师学习的不只是两本书《儿童的人格教育》和《正面管教》。更重要的是明确了一种'自我实现'的人生态度——发自内心,不向外求;一种深度学习的阅读方式——沉下心去'啃读';一种辩证的思维方式,把书读进去——认真倾听作者,再读出来——扬长避短,形成自己的观点,使知识成为自己认知的一部分。"

贾颖老师的文字浸透着浓浓的不舍之情:"《儿童的人格教育》这门课结束了,有些不舍。在郝晓东老师、寒梅组长高期待、细跟进、严要求下,我们发现了真实的充满无限可能的自己,在啃读中提高了理解能力,在写作中不断升级自己的思维,在实践中强化了自己解决问题的能力;在老师们的学习心得与收获打卡中,收获着继续前行的勇气和多维度的见解;在新网师找到了自己的归属感。由衷地对陪伴着我前进的大家说声'谢谢,有你们陪伴,很幸福'。"

云南的穆勒滚老师记录了成长的历程:"一是通过一点一点啃读经典,一字一字每日打卡,从开始的不会写,到后来打卡日记置顶,再到文章推荐发表在新网师周报里,让我收获了自信。二是这门课程为我打开了如何更好地学习的窗口,不仅让我重新爱上了学习,也开启了我的深度学习之路。三是遇到了很多有相同'尺码',有着共同职业理想和追求的人。他们积极的学习态度、扎实的专业知识,都深深感染着我。阅读同伴们的打卡日记,让我发现自己的不足,也时时提醒自己要努力完善知识结构,做更好的自己。"

看到这些真诚的文字,非常欣慰。教与学的关系是相互的,老师精心教,学生用心学,二者相互影响,相互促进,同等重要。学员的成长与感激必将激励更多讲师全身心投入到新网师授课中。

对我而言,更多的是惭愧,因为自己才疏学浅未能带领老师们"飞得更高"。这不是客套话,而是真切感受。所以,每每有老师表达谢意时,我内心总是诚惶诚恐。我也很警惕在新网师中形成个人崇拜。今天,我在打卡中给老师们写了几句话:"看到了大家的打卡感悟,谢谢老师们的肯定,因你们的努力,显得我好像很有水平。其实,无论是书还是讲师,都是'指月之手',帮助大家领会'月亮'。但我很清楚,讲师和书都不是'月亮'。"在科学的道路上,牛顿都称自己只是一个在海边玩耍的孩子,偶然拾到一块美丽的石子,何况我这样才智平平之辈呢?

(二)

当然,不是每个参加新网师的学习者都有如此深刻体会。

是否有收获,是否有变化,是否有生长,根本不取决于新网师,而取决于自我。新网师是阳光,照在种子上才会发芽,照在石头上则不然;阳光对于有的人来说是一种温暖,而对有的人来说还可能感到灼热。

经常有朋友说:我也想学,但实在是太忙了。忙是事实,但不是理由,真正的理由是"我认为有比这更重要的事"。就像我每周要写一篇"新网师观察",不是因为我不忙,而是认为这件事重要,是因既然承诺,就要做到。而且,这个承诺不是对他人的承诺(毕竟,没有谁要求我这样做),是对自己的承诺。

忙还是不忙,也许并不重要,重要的是明白自己究竟想要什么。尤其是人到中年，如果还想不通、看不透，就可能会如随波而漂的浮萍，裹挟在旋起旋灭的情绪中；就可能被过度的欲望控制，疲惫于填充永无休止的欲望之壑。

一切皆幻象。中午，我对爱人说"观念不等于现实"，你所喜欢的、讨厌的、恐惧的、追求的，往往不是源于事实，而是源于观念。观念犹如一个镜片，现实经过镜片进入大脑，往往已经有一定的失真。成人的学习，很大程度上不是为了控制，而是反思。反思自己的观念，反思这个"镜片"，重构大脑，为心灵重新寻找方向。当然，做到这一点是很难的，法国当代著名思想家埃德加·莫兰在《复杂性理论与教育问题》一书中说："是观念使我们能够认识观念的缺陷和危险，从而有了这个无法逃避的悖论：我们必须进行一场反对观念的决定性斗争，但是我们只能依靠观念的帮助来进行这一斗争。"也许，这也叫自我革命吧。

埃德加·莫兰进一步说："在对真理的追求中，自我观察的行为应该与观察的行为不可分，自我批评与批评不可分，反思的过程应该与客观化的过程不可分。"这也是新网师与其他学习的根本不同之处。

新网师学习是一场深刻、纯粹的恋爱。如果爱，就真爱。它需要你全身心投入，为之朝朝暮暮，为之魂牵梦绕，为之喜，为之伤，为之痛。如果你不再相信爱情，抱着怀疑、警惕、试探、观望的心态不断相亲，还企图寻觅真正的爱情，怎么可能？有的老师带着一种观光、观望甚至投机的心态加入新网师，只想轻轻松松地得到，以旁观者的角度听讲师讲课，看其他人讨论，随随便便写几句甚至抄袭百度来应付作业。然而，哪有轻轻松松的得到，哪有随随便便的成功，所有命运赠送的礼物都暗中标着价格，最难走的路才是人生的捷径。

所以，本学期课程统计完毕，就要开始清群，把没有任何学习痕迹者请出新网师。

（三）

我以为，真正应该思考的是：加入新网师，意味着什么？

加入新网师，意味着一种热爱。对知识真正的热爱，对教育真正的热爱。意味着学习（不论是阅读还是实践）不是空闲时才想起来的事，不是可有可无的事，而是生活中一件重大的事，也是如呼吸一样自然而然的事。

加入新网师，意味着一种承诺。这种承诺是向内对自己而不是朝外对他人，是主动的而不是被动的。你有选择加入和不加入的自由，但一旦选择，就不应随随便便为低效学习而寻找借口。

加入新网师，意味着一种真诚。你书写的文字不一定都有道理，但一定是内心真实的想法；说出的话不可能全部做到，但是要尽力用行动来兑现。

加入新网师，意味着一种选择，选择了理想的现实主义，选择了追求卓越，选择了一条"少有人走的路"。

当朱永新老师询问我是否可以主持新网师时，我是经过慎重考虑的。之所以慎重考虑，是因为我知道主持新网师对我意味着什么。我可以选择拒绝，而一旦承诺就要全力以赴。什么是全力以赴？调动我的全部资源、全部能量来做，这对我的生活乃至生命重心是一次重大调整，而本质上是一种舍弃，舍弃休闲、休息、聚餐、闲谈，乃至更多。当然有舍就有得，舍去了不少，得到的也不少……

有朋友可能会说：为什么非要如此呢？为什么要非此即彼呢？难道不可以二者兼顾吗？是的，在根本处是无法兼顾的。当然，热爱知识和教育，不是完全拒绝一切名利，不是没有休闲，没有朋友，没有娱乐，而是不以此为选择的标准。

每当这时，总想起罗伯特·弗罗斯特写的这首诗：

> 黄色的林子里有两条路，
> 很遗憾我无法同时选择两者；
> 身在旅途的我久久站立，
> 对着其中一条极目眺望，
> 直到它蜿蜒拐进远处的树丛。
> 我选择了另外的一条，天经地义，

也许更为诱人,
因为它充满荆棘,需要开拓;
然而这样的路过,
并未引起太大的改变。
那天清晨这两条小路一起静卧在
无人踩过的树叶丛中,
哦,我把另一条路留给了明天!
明知路连着路,
我不知是否该回头。
我将轻轻叹息,叙述这一切
许多许多年以后:
林子里有两条路,我——
选择了行人稀少的那一条,
它改变了我的一生。

十、守护最初的纯真愿望

当回顾一年划过的履痕时,我再次阅读新网师《招生简章》中的这段"宣言":

> 虽同样身处浮躁的时代,但不肯放弃早已被许多人弃如敝屣的理想,而是始终怀着一颗真诚的心,勇于承担身为教师的责任,在自己或者希望在自己的教室里,守护着最初的纯真愿望;追求真理,求知若渴,愿意亲近那些真正伟大的书籍,尤其是那些能够帮助我们理解教育、理解人性、解决问题的专业书籍,并且甘心承受一次次的"打击",勇于不断地自我否定,将专业修炼视为终身之事;希望自己的生命经由教学、经由学生的成长,而不是经由公开课、论文、职称评定等获得意义。

我相信,这段话曾深刻震撼了每一个新网师学员的内心,触动了内心深处蒙尘已久的"心事":世俗世界竟然还有这样一群"擦亮星星"的人?还有这样一帮纯粹的人?这不就是我本应该成为的样子吗?……

然而,喜欢这段话和"活出"这段话,是完全不同的两个概念。当我们又一次在繁忙的工作之余点开QQ准时参加讨论时,当我们在夜深人静为完成作业煎熬时,当我们为达到新网师的底线没有被请出而庆幸时,当我们的内心选择和周围现实发生矛盾而纠结时，当我们为读不懂一本书而怀疑自己乃至想放弃时，不妨回顾上述这段话。

不要因为走得太远，而忘记当初为什么出发。

如果用一些关键词来概括新网师的这一年，我选择：共读、部落、担当、坚守、涌现……

（一）共读

1月27日至2月2日、7月16日至24日，新教育研究中心分别在北京丰台和内蒙古罕台组织了"温暖之冬"和"清凉之夏"共读活动。共读活动依然朴素而热烈，宁静而悠远。朴素中包含着一种华贵的精神，宁静里又流动着一份甘于寂寞的悠远。一周时间，无柴米油盐之乱耳，无作业上课之劳形，谈笑有鸿儒，往来皆知音，研哲学，聊课程，颂诗歌，不亦乐乎！

除丰台二中、罕台小学的老师，新网师部分讲师也参与了读书活动。两周多的时间，大家共读了海德格尔的哲学名著《存在与时间》。这本书对于非哲学专业的读者来说，是相当艰难的。担任新网师哲学课程讲师的"车行天下"老师在年度叙事中说：

> 阅读《存在与时间》，对我来说是一个巨大的挑战，从年初的每天只能读两三页，而且还读不懂，到眼下每天能读二三十页，其间经历了许多次的反复。北京共读前一半时，囫囵吞枣，回来后，不断地复习，前面的内容至暑假前已能初步结构化了；暑假共读前，开始了后半部分的预习，有了前面的基础，后面的预习与年初的预习比较，顺利了一些，但推进的速度仍然很慢。暑假共读回来后，继续复习，反复结构化……

存在主义哲学是新网师人的共同语言密码之一。

存在主义哲学认为存在先于本质。人的本质是个体通过自己的选择而创造的，不是给定的。首先是人存在、出现、登场，然后才给自己下定义。人最初什么也不是，只是到了后来才成为某种样子的人，而且是他本人把自己造成了那样的人。

在《存在与时间》中，海德格尔对死进行了深刻分析，他认为，"我将要死"并不是一个外在的和公开的事实，而是我自己存在的一种内在的可能性。我随时可能死，死是我存在的极端性。它是我各种可能性中最极端、最绝对的一个。承认死就是承认了人的有限性，正因为死亡这个有限性，才会逼迫人去思考生命的意义，把人打入存在中，所谓"向死而生"！

一群教中小学的老师需要研读连大学老师也感觉艰涩的哲学经典吗？

我们从来不认为教育是简单之事，越是教低学段，越需要老师拥有较高的专业素养。因为我们面对的是一个个独一无二、丰富敏感、鲜活的心灵。每个生命都有一个斑斓的世界，都需要用心灵去呵护，用智慧去解读，用耐心去交流，用激情去点燃。

同时，每一个今人看来浅显易懂、习以为常的知识，都是前人智慧的结晶，都是人类在漫长的发展历史中，遭遇问题、困境后，苦苦探索而得来的应对之法。哪一个知识的诞生，不伴随愉悦、兴奋、惊喜……

我们从来不认为，教师的专业发展仅仅是技能的提升和知识的增加。为学日益，为道日损。一个老师如果没有对教育职业的信仰，那么，在专业发展上也是走不远的。学哲学，既是"为学"，也是"为道"。经由哲学，不仅从更深层次上去理解、把握我们所教的各门学科，更主要的是更真实、清晰地认识自己，进而为自己的人生寻找一个意义，为漂泊的灵魂寻找一个安稳的家。

（二）部落

部落者，热爱者组成的共同体。

新网师本身就是一个部落。

在新网师内部，又根据学科、兴趣和喜好的不同，形成了各个小型部落：哲学部落、教育学部落、电影部落、"每日一诗"部落、皮亚杰部落……

今年，除了各门课程有条不紊地进行，由"高堂明镜"老师牵头主持的"每日一诗"部落分外亮丽。

从某种意义上来说，这群人已经在不知不觉中组建了新网师这个共同体中的一个不算小的诗词部落，它已经逐渐拥有了一个部落所应该有的本质的东西：共同的旗帜（同样的热爱）、共同的语言（诗歌）、共同的理想……并且，将可能逐渐拥有自己的权威（领袖、卓越者）。

8月8日，"每日一诗"QQ空间正式建立；8月12日，"每日一诗"微博首次发布。"高堂明镜"老师主持了第一个系列"东坡送别忆旧词"，接着，又走过了"诗酒风流话李白""一捧热泪杜子美""梅兰竹菊四君子"系列；随后"淡烟流水"老师开始了"空灵妙境品王维系列"，"友风且子雨"老师做了"一束幽光玉谿生系列""风华流美杜牧之系列"……

逐渐地，这儿汇集了一批每日用诗歌来开启黎明的人："高堂明镜"、"涅阳郡主"、刘广文、"破茧之旅"、"一个人的开始"、"白鹭翩翩"等。

在此过程中，收获最大的首先是穿越诗歌系列的主持人。从一开始想承担时的忐忑，到担当时的决断，到解读过程中的痛苦、豁亮，然后到结束时的释然和欣喜，过程本身就是最大的财富。

"淡烟流水"老师的文字真实记述了其中的甘苦：

> 8月4日接到活，历时半个月，初读完《王维孟浩然诗选评》，还算有感觉；8月20日选定14首（参照《唐诗鉴赏辞典》《唐诗三百首》《千家诗》等书）；8月21日起开始恶补《叶嘉莹说初盛唐诗》、《中国古典诗词感发》（顾随）、《诗词例话》（周振甫）、《汉字的魔方》（葛兆光）、《唐诗综论》（林庚）、《像唐诗一样生活》（冉云飞）、《谈美书简》（朱光潜），重点读的是叶嘉莹和朱光潜的书，

其他大多不求甚解。说也奇怪，平时读起来有些费劲的书现在居然很亲切！

9月底，确定了接手"每日一诗"的日期——10月13日。

还有半个月，突然很惶恐、焦虑、失眠、发脾气、莫名哭……还有十天，恰逢"十一"长假，重读叶嘉莹，继续再恶补……还有三天，百度来的王维小传及中国山水诗发展脉络，越读越觉呆板无趣，想起"高堂明镜"老师的鼓励"做自己"，索性隐去课程背景，写一段学《人间词话》的真实经历……还有两天，完成三首，准备输入，偏偏此刻，电脑坏掉，笔记本没装word，触摸屏用不惯，怎么办？请同事连夜重做系统、换鼠标……还有一天，笔记本被捣腾崩溃，重去维修店，说好话，找熟人，买硬盘……还有一夜，输文字，找信纸，配图片，试效果……最后两天，"高堂明镜"老师几乎全程参与，若没有她，不知这部"警匪片"如何演。

过程是艰辛的，但也正因为这样与诗歌"驯养"的过程，才收获硕果累累。

正如网名叫"我是谁谁是我"的老师在课程结语中所说："一次穿越，一次成长。"

（三）担当

过去的一年中，主要由王志江、"车行天下"、"六等星"、"如一行者"、李亚敏、刘广文等讲师承担了新网师十三门课程，我也忝列其中，勉强承担了一学期教育学经典解读课程。

其中，"车行天下"、"六等星"、"如一行者"、李亚敏均承担了上、下学期两门课程。在繁重的工作和繁琐的家务之余，抽出时间来主持高品质的课程，这是相当不容易的。

新网师的核心是课程，如果没有课程，那么新网师也就失去了存在的意义。

课程的关键是讲师，讲师的学术素养直接决定了课程的品质高度。

新网师创立前几年，奠定了新网师课程高端性、学术性、纯粹性的特征，短时间内集聚了大量人气，现在的大部分讲师都是在那时开始加入新网师，并一路追随至今，新网师文化渐渐深入人心。

新网师的课程由谁来担当、领军？

"车行天下"、"六等星"、"如一行者"、李亚敏等新网师中的卓越学员担当重任，并努力守护新网师卓越的品质。其中，除了有挑战自我的决心，还有对新网师深厚的情感。

最好的学习方法就是教别人学习。主持课程对讲师来说是学习的良机，这一点我深有体会。因为你不仅自己要清楚，重要的是还需要将知识结构化，转化为自己的语言，让别人听清楚。为了能胜任这门课程，需要围绕主题开展一系列阅读，触类旁通，相互打通。

"六等星"老师在年度叙事中讲述了自己担任讲师后积极准备的过程：

> 为了主持好这门课（《苏霍姆林斯基教育学》），我自己下了一些功夫。先是把《给教师的建议》《帕夫雷什中学》《要相信孩子》《和青年校长的谈话》等书找来，或重温，或细读，再将往期授课记录反复看了几遍，总算心里有点儿谱了。与此课程有关的背景书籍，诸如《教育人类学》《特别女生萨哈拉》《思维与语言》《儿童心理学》，在新网师课程中都有涉及，算是认真读过。唯有杜威的《民主与教育》《我们怎样思维·经验与教育》未曾细读，买来一并读了。

数学课程一直是新网师的短板，而这一状况，在丰台二中原校长王志江担当讲师后，有了很大改观。王校长在繁重的行政工作之余，高品质地主持了研讨任务。在通常人的观念中，校长往往主要致力于行政工作，很难真正深入学术与课堂，而他心无旁骛，坚定地开展新教育，并身体力行，承担课程任务，这已经不仅仅是兴趣、爱好，而与其理想、信念和情怀有关系，这正是他超然于众多校长并卓尔不群的根本原因。

谟祯是新网师尽职的教务长，承担了除课程以外新网师的一切沟通、协调、整理等杂务。从每学期开始联系讲师，到课程的设置、时间的安排、申请者的审核、资料的收集、《啃读者》的组稿以及微博、空间的管理等，都严谨细致，一丝不苟。每次共读，他都忙前忙后，热情接待参会的讲师和学员。在他的大力"游说"下，新网师"每日一诗"和"每周班会"相继恢复。

　　同样具有担当精神的还有那些课程组长们。"玄鸟歌唱"、"银星儿"、吕诗凡等老师在幕后默默奉献，尽心尽责，不论是每次研讨前的提醒、授课记录的整理，还是作业的归档等，都一丝不苟。为及时把当晚的授课记录整理出来，许多组长经常连夜加班。同样担当的还有为《啃读者》做校对的"涅阳郡主""从原点出发""薰衣草"等老师，每次接到任务，都及时认真完成，在此不再一一细述了。

（四）坚守

　　套用一句时髦的话来形容新网师学习：加入容易，坚持不易，且行且珍惜！

　　当一个团队没有标准（包括苛刻的准入制度）、没有淘汰、没有文化，只有虚荣浮夸、阿谀奉承、发展幻觉……当会聚了足够的乌合之众，劣币淘汰良币的情形就必然出现，最终丧失的是真正的尊重。

　　中国是一个人情社会，讲究圈子、面子。原初为一个纯粹的理想而聚集在一起，但慢慢地交往频繁了，互相熟悉了，就容易在讨论问题、处理事情时，碍于面子、情分而逐渐降低标准，淡忘初衷。

　　是维系人情还是坚守原则，往往是个两难选择。

　　某天，新网师教务处首次发布退出声明，一位曾经担任讲师的老师因种种原因退出新网师。

　　我只想说，如果要坚守某种理想和原则，坚持一定的淘汰制度是必须的。不管是什么冠冕堂皇的理由，不论是谁，都不应与新网师招生简章所彰显的愿景、价值观相悖。

新网师教务处根据淘汰标准对500多名学员的学习情况进行了统计、审核，最终淘汰了332名学习不达标的学员，保留191名学员的资格。对这些学员，教务长谟祯根据学习情况进行分类，提出了不同的"预警"信号。

新学期，又有98名新学员加入新网师。

淘汰也好，预警也好，审核也好，其实核心都是——劝学！

如果仅看保留资格学员的人数，可能会产生一种误解，认为新网师标准非常苛刻。

我们看一下淘汰标准是什么：

1. 在××学年度至少参与新网师两门课程的学习，并提交了有效的过关作业（不含预习作业），同时提交了年度个人叙事。

2. 在××学年度至少参与了新网师四门课程的学习，并提交了有效的过关作业（不含预习作业）。

这个标准其实是非常低的，已经低到不能再低。

但为什么还会有大量学员被淘汰？

一个确定的现实是，真正能坚持啃读学习、更新自我知识结构的老师是很少的。新网师是学"术"之地，更是修"道"之所，"二八原则"在新网师同样适用，这并不足为奇。

但我们并不会因为人数的多寡来随意变更判定的标准。新网师已不需要用会员数量来建立自信，也没有普济众生、拯救天下的责任与宏愿。新网师注定是一个"精品店"，而不是"大排档"。

当然，对新网师来说，也要反思：如何保证课程的高品质？如何加强对学员的过程指导和沟通？制度只能保证最低标准，而要真正坚守原初梦想，还得依赖于每一个个体的自我持续成长和创造。新网师能涌现多少个卓越教师？能缔造几个完美教室？能多大程度上真正影响、提升教室里孩子的生命质量？——这才是真正验证新网师的标准。

许多讲师通过主持课程自主开发教材，为新网师教材确定了高度，树立了标准，也为其他讲师无形中提出了更高的要求。已立立人，已达达人。作为讲师，在达不到魏老师的高度之前，先不要责怪他人或寻找客观原因，而应时时反省自己，勇猛精进。

通过课程（主持或学习）自我不断成长，不断有所创造，就是最好的坚守。

（五）涌现

新网师年度十佳叙事揭晓，获奖的十位作者分别是：

"静听雪""大西洋来的飓风""玄鸟歌唱""高堂明镜""纷飞""友风且子雨""绚之平淡""六等星""车行天下""暖曦"。

朱永新老师曾说："除非我们拥有共同的信仰，拥有共同的英雄与历史，拥有共同的语言，否则社会上的个体往往只是没有灵魂、没有身份的芸芸众生，未来的社会就会成为个人主义猖獗的场所，而不可能成为我们共同的家园。"

同理，只有新网师学员拥有共同的对教育的信仰，拥有共同的英雄与历史，拥有共同的标准与对未来的共同愿景，新网师才能真正成为我们共同的家园。获得年度十佳叙事的老师就是新网师中的"英雄"。

其中，有野蛮生长的"暖曦"老师，有啃读一流、功力老到的"车行天下"老师，有让生命不断发亮的"六等星"老师，有戏称"学霸"的"绚之平淡"老师，有活出存在感的"友风且子雨"老师，有破茧成蝶的"纷飞"老师，有用生命和诗歌不断编织的"高堂明镜"老师，有脚步不断向前的"玄鸟歌唱"老师，有已经退休但激情依然似火的"飓风"老师，有守护一间教室、开了一树繁花的"静听雪"老师。

这十位老师是新网师众多学员中涌现出来的榜样。正是在他们身上，新网师文化才得以彰显，新网师精神才得以传承。更主要的是，他们的故事深深鼓舞和启迪了每一个老师，让我们深刻反思：达到优秀的原因是什么？我们和他们相比，究竟差在哪里？我们应该真正向他们学习什么？

新网师文化是一种语言，我们选择一种语言，也就选择了一种肤色。借新网师文化，我们得以拥有自我，实现自我。而我们也需要以新网师为自己的精神家园，努力通过自己的行动与创造，守护最初的纯真愿望，续写新网师的神话与传说，涌现新网师的英雄与榜样，让新网师在岁月长河中不断显现并焕发青春，让新网师的根本精神在我们身上真正地活出来。

遥望新的一年，我们充满无限期待！

第四章　求知彰显生命

我们虽身处浮躁的时代，但不肯放弃早已被许多人弃如敝屣的理想；始终怀着一颗真诚的心，勇于承担身为教师的责任，在自己的教室里，守护着最初的纯真愿望；追求真理，求知若渴，亲近那些真正伟大的书籍，勇于不断地自我否定，将专业修炼视为终身之事；希望自己的生命经由教学、经由学生的成长获得意义。

一、学校是道场，工作即修行

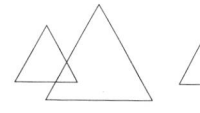
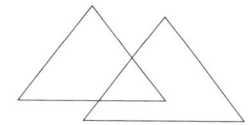

（一）

1月5日到8日，我在北京国家教育行政学院参加了为期三天的"全国中小学阅读名师高级研修班"。

此次研修班冠以"高级"二字，可谓名副其实：

一是培训班地点选在有"教育部中央党校"之称的国家教育行政学院；二是小班化教学，研修班仅有30多名学员；三是学员个个来者不凡，如管建刚、储昌楼、顾舟群等一线名师名校长，还有获得全国最美乡村教师的高进儒、陈美荣等年轻新秀；四是授课的老师名家荟萃，阵容豪华，除了朱永新、李镇西老师，还有全国作协副主席高洪波，北京大学中文系教授、儿童文学作家曹文轩，中国教育报刊社副社长雷振海，宁波滨海教育集团李庆明校长，著名作家、85岁高龄的王蒙先生，人民教育出版社王维花副社长；五是朱永新老师那么繁忙，但几乎全程参加，连晚上的分组研讨都参与；六是两天的培训，不仅没交学费，连食宿费用都免了。

8号下午高研班结业，应《中国教师报》雷振海总编及褚清源邀请，我参加了编辑部例会，作了一个关于教师阅读的小型报告。在当天的朋友圈我发了一段话：到《中国教师报》编辑部对我有三重含义：一是"探亲"，报社有许多熟识的朋友；

二是"朝拜",《中国教师报》那么多文质兼美的文章都是从这里孕育的;三是学习,这里都是名校毕业、视野广阔的才子才女。

培训期间,我专门向朱永新老师汇报了新网师工作,介绍了新网师涌现的穆勒滚、程景轩、李霞等榜样教师,就新网师下一步拓展线下培训基地、开展线下高级研修班、年会增加新网师板块等进行了筹划。朱永新老师对新网师非常关注,全力支持,希望通过新网师能涌现一大批优秀学员、榜样教师。此外,我还与李镇西老师就下学期新网师课程进行了交流。

三天的头脑风暴,收获满满。透过精彩的讲座,能强烈感受到一个个终身学习、不断创造、不甘平庸的鲜活生命。我们在学习知识、传授知识、创造知识,而知识也在影响、塑造我们。

最深处,自身亦成为知识!

我看青山多妩媚,料青山看我应如是。

(二)

在培训、分组讨论和结业仪式上,就许多老师提出的推进教师阅读中遇到的困惑,我简明扼要地分享了主持新网师的经验和体会,介绍了新网师中涌现的张海英、翟小洁、李霞等榜样的故事,特别是介绍了程景轩等老师一学期阅读打卡达13万字的例子。与会老师非常惊奇:新网师有何魔力让老师们发生如此大的变化?会后,许多老师纷纷打听新网师,希望能加入学习。昨晚,河北保定市一位老师与我联系,准备让全校老师参加新网师。

当然,我很清楚,新网师没有什么魔力,无非是尊重教育规律,为原本就爱学习且不甘于平庸的老师提供了合适的土壤,为有生命力的种子提供了阳光。新网师中其实也有一些老师长期"潜水",只是挂着一个名字而没有任何学习痕迹。老师自身如果没有改变、提升的愿望和持之以恒的行动,就是将其送到哈佛、牛津也作用不大。

"二八定律"在新网师也是成立的。新网师中一定会有20%的学员勇猛精进，坚持学习，最终获得"新生"；可能会有80%的学员消极学习，心不在焉，三天打鱼两天晒网。新网师的品质，取决于20%的榜样，他们冲顶的高度将影响80%的学员抵达的高度。关于参加共同体学习的道理，佐藤学在《静悄悄的革命》中阐述得很清楚。当然，二八之分只是一个概数。

举个不恰当的例子：新网师不会"扶贫"，只会"济富"。学员努力的程度与获得资源、关注、机会、平台的机会成正比。你越努力，新网师提供的支持就越多；你越消极，越不会被关注，直至取消学习资格。今天早晨，我与教务长郭良锁老师联系，要求筛查出这学期没有留下任何学习记录的学员，公布后将请出新网师。

有一句话说得好，"乐观者往往成功，悲观者往往正确。细微差别的马太效应到最后都是惊人的差距"。是成为20%的榜样，还是成为80%中的一员？这是你的选择、你的自由。

（三）

老师们！年终岁末，又是期末，新网师课程也进入尾声了，没有了讲师的督促，没有了榜样的激励，你还能坚持每日阅读吗？还坚持学习吗？

有的老师可能会说：很想学，但实在太忙了，备课、上课、监考、辅导孩子、家务，甚至还有扶贫任务，等等。

想起《传习录》上的一则小故事：

> 澄在鸿胪寺仓居，忽家信至，言儿病危。澄心甚忧，闷不能堪。先生曰："此时正宜用功。若此时放过，闲时讲学何用？人正要在此等时磨炼。"

这是讲王阳明的一个学生陆澄在南京鸿胪寺暂住，忽然收到家信，说儿子病危，陆澄非常忧愁苦闷，难以自持。王阳明说："这正是用功修养的时候。如果这时候不能用功，平时讲学有什么用？"

穿越一下，大家想一想，如果王阳明面对老师们因为忙而无暇学习的理由，他会如何说？

（四）

其实，学校就是道场，工作即修行。

有一位地方官常去听王阳明的心学讲座，每次都听得津津有味，偶尔会呈恍然大悟之态，眉飞色舞。月余后，他却深表起遗憾来："您讲得真精彩，可是我不能每天都来听，身为官员，好多政事缠身，不能抽出太多时间来修行啊。"

王阳明接口道："我什么时候让你放弃工作来修行？"该官员吃了一小惊："难道在工作中也可以修行？"

"工作即修行！"王阳明斩钉截铁地回道。

王阳明说："心学不是悬空的，只有把它和实践相结合，才是它最好的归宿。我常说在事上磨炼就是因此。你要断案，就从断案这件事上修炼心学。"

近期，我不断与朋友们谈"把工作当作学习"。前几天办常春藤读书会年会，我叮嘱朋友们要不断在大脑中推演流程、环节、细节，然后再实施，而不是在工作中遇到麻烦再一次次返工，这就叫"以终为始"。年会举办得非常成功，但还是在讲座环节出现了纰漏：幻灯片中的图片播放不出来。事后，我一次次复盘流程，其实在布置工作时已经安排专人提前试放课件，但工作人员在忙碌中把这个环节疏漏了。

作为组织者，当然可以将责任归于工作人员的疏漏，但我考虑的是，在以后的活动中，如何确保每个环节不出纰漏。依赖个体的素质和能力确保万无一失是危险的，还是要用严密的流程来克服个体的不确定性。也就是说，要确保不论是谁来做，都能万无一失。如何能做到呢？列清单。如果下次再举办，我除了布置工作，还会给每个工作人员一张清单，每完成一件，划掉一个，这样就不会因为忙碌或其他原因而遗漏。

（五）

哪怕是一个简单的发通知，也是大学问。

常有这种现象，一个通知发出来，要么时间、地点等关键信息缺失；要么语言不精确，比如"请尽快报名""请近期提交"，怎样就算"尽快"？何时算"近期"？每个人理解会不同；要么思维不清晰，逻辑不严密，让读者产生歧义；要么不考虑观众的认知，用的是只有自己能明白的名词、概念。

其实，这些现象背后暴露的是自我中心思维。写通知，首先要考虑达到什么目的，围绕目的组织内容，根据内容思考结构；其次要从阅读者角度思考，他关注什么信息，会有怎样的理解；等等。

只要想学习，生活处处是学问。

回到现实中来，工作固然繁忙，但与自己"眉毛胡子一把抓"，分不清主次有没有关系？任务固然很重，但与自己工作能力低有没有关系？现实固然不完美，但与自己的思维不成熟有没有关系？事务固然多，但有没有闲玩手机、闲谈、闲思而浪费时间？

这一切，都是需要在事务中修炼的，也就是王阳明一再说的"事上磨"。

近期，许多学员不断书写自己在新网师的变化，呈现自己在新网师的学习状态，因为写的是自己实实在在的经历，所以特别真实，特别感人。但也要提防一点：只看到刻苦学习，但教育教学工作没有发生变化，自己所教的学生没有因为自己的变化而发生变化。就像一个脱粒机，只是机器轰隆隆热火朝天空转，却磨不出稻米。

（六）

我在北京学习期间，单位还布置了写公文。白天密集听课，基本没有时间，那就晚上写。写完稿件发送时，已经是凌晨1点多了。8日下午4点多乘火车，2点到3点半还在中国教师报社作了一个小型报告。高铁上本来要写这篇"一周观察"，只是因为其他原因处理了几件事情。从昨天我就开始酝酿写这篇文章，但回到单位，编辑画册工作进行到最后环节，不断审稿、修改。肖川老师周末来读书会作讲座之事，住宿、吃饭、会场、路线等，不断协调。昨天晚上写这篇文章到12点多，今天在工作之余继续写。现在刚刚吃过中午饭，没有午休继续写。而下午下班后还要开车外出作报告……

其实，这些都是学习的契机。在密集的工作中，不断修炼专注力、应变能力、时间管理能力、理解力等。

回想刚刚过去的一年，对我来说，几乎没有一天是完全休息的。周末和工作日没有差别，下班和上班没有不同。

你可能会问：累吗？

喜欢就不累。

我一年365天在工作，但换个角度，也可以说我一年365天在休闲。当然，我不认为这种生活、工作模式是最好的，也不是每个人必须学习的。我只是想表达一点：学校是道场，工作即修行。

说到根本处，重要的还不是工作、学习与否，而是经过世事沧桑，是否还有一颗活泼泼的生命，是否还对世界拥有好奇，是否还对知识保持兴趣，是否还有挑战未来的信心与勇气。

二、重新学习热爱

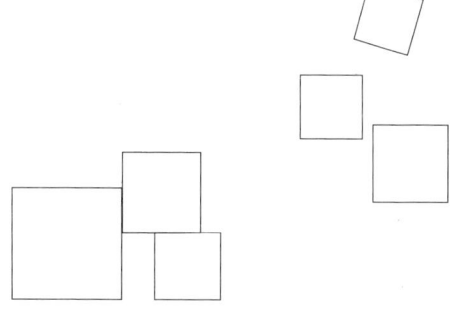

前几天一位学员在课程群留言:"一年一度统计继续教育学时开始了,新网师学习课时不被学校承认,没劲。"

有几位学员回复道:"学习不是为了形式上的课时,学习是自己生活的一种态度和内容。""相信大多数来新网师学习的,都是为了寻找'尺码相同'的人,享受自我提升的过程,而不是一纸合格证。"

之前留言的老师回复道:"我是有感而发,如果能算作继续教育学时,又能学到本领,岂不两全其美!"

平心而论,这种想法也在情理之中。如果按照新网师要求真正沉入课程,时间和精力会投入很多,学习的效果也很明显,这种学习成效是上网挂继续教育时间完全不能比拟的,如果新网师能纳入继续教育学时也会为老师们节约时间和精力。其实,在我们设置新网师课程时,也曾有人提出与教育局协商,把新网师学时纳入继续教育课时,以增强老师们学习的积极性。

只不过,两全其美的想法只是一个空中楼阁的幻想。这不是因为与教育局无法合作,而是我们认为纳入继续教育与提升学习兴趣没有多少关联。你可以向周围了解一下,有多少同事对继续教育网上的课程真正感兴趣并投入学习?有多少老师会为了完成继续教育学时而选择新网师?会有,但比例不会太高。我们明白,成年人学习的兴趣和动力,根本上源于发掘知识这一"伟大事物"的魅力:还原知识创生之初的惊奇,掌握知识洞见世界,运用知识解决问题。

(一)

现实中,真正热爱学习的老师有多少?

不少老师不热爱学习与求学经历有关。大多数人从小学、中学、大学、工作一路走来,学习从来都是获取另外东西的工具。我们爱的是通过学习得到的分数、证书、考级、职称,而很少热爱学习本身,因此也很难真正学会学习。老师不爱学习、不会学习是当下中小学生不爱学习、不会学习的一个重要原因。

因为不热爱学习,在叶嘉莹眼里"让心灵不死"的诗歌在课堂上变得索然寡味;因为不热爱学习,在黄仁宇眼里必然与偶然交织、波谲云诡的历史在课堂上变成了失去生命力的名词和概念;因为不热爱学习,在数学家眼里神奇的数字、完美的公式在课堂上成了许多学生的噩梦;因为不热爱学习,教育教学成为无法摆脱的苦役;因为不热爱学习,我们难以享受教育的美妙和更多美好的事物,很难寻找到自己的热爱、价值和意义,很难创造属于自己的未来。

热爱当然不是万能的,我不否认工资、职称、领导、环境等现实因素对于个体的影响,但"事实是什么"与"归因于什么"是不同的。我只是强调"归因于什么"对自己的影响,是归因于外在的因素每天抱怨好,还是归因于通过学习强大自己好?你有选择的自由。

(二)

什么是热爱学习?

热爱学习就是像李镇西老师阅读、写作如呼吸一样自然,工作成了休闲,休闲成了工作;就像刘广文老师一样,十多年痴心不改沉浸《人间词话》,成为中小学老师研究王国维的专家;就像陶新华老师一样围绕积极心理学著书立说,培养学生，服务社会；就像何其刚老师一样，潜心研究教育技术，把小视频研究出了大学问；就像蓝玫老师一样，专注教育，点亮自己，照亮他人；就像许多新网师学员一样，一点一点啃读经典，一字一字每日打卡，研究教育规律，探究教育奥妙……

我知道，学员参加新网师学习的初衷并不统一：有的是为完成学校任务而来；有的是奔着专家、大师的头衔和名气而来；有的是为了探取一些方法妙招而来；有的是图个新鲜、凑个热闹而来；还有的是逃避自身虚弱，为寻求安慰和安全感而来；当然，更多的是奔着新教育，奔着真正的求知而来。

不管初衷是什么，如果没有从根本上热爱学习，都很难实现你的目的，抵达你的目标。

如果是奔着专家而来，你会发现学习还得依靠自己，专家很忙，不可能每天苦口婆心地劝学并随时答复；你为了学一招半式的技巧而来，但你会发现这里没有现成的技巧，最简单的音调都需要最艰苦的练习；你若图个新鲜而来，然而新网师犹如一座寺庙，青灯黄卷，晨诵暮省，不沉浸其中就会觉得单调乏味；你以为来到新网师可以喝点鸡汤，停靠在温馨的港湾，没想到新网师是带你攀登知识的珠穆朗玛峰。

任何值得抵达的彼岸，都没有捷径，唯有热爱。

上周有几个学员的作业判定抄袭，我们严格按照制度，记了不良学习记录。作业抄袭严重背离新网师的核心文化，新网师对作弊行为采取零容忍的态度。作业写得好与坏、多与少是能力问题，而一旦抄袭就是态度问题，是逾越底线的行为。有的老师把过去学习中敷衍了事的习惯带入新网师，以为随便百度粘贴点东西提交上去，就能应付差事、蒙混过关，但新网师对学习是认真的，也许不是任何人的抄袭都会被查到，但只要被发现，一定会严肃处理。从下学期开始，一旦发现抄袭，就要留下不良记录，并取消新网师学习资格。

太严厉，不近人情吗？爱之深，责之切。如果你懂，就会从严厉中读出深沉的爱。

（三）

新网师与其他平台的最大不同之处，在于不仅传授知识与能力，而且关切学员的生命状态。当一个人真正热爱上学习，外在的要求和内在的需求也就统一了，工作成了内在的需求，而不是外在的手段。工作与休闲的界限也就消除，工资不是工作的目的，成为了额外奖赏。此时，你才能从工作的劳役苦海中彻底解放，获得自由，并朝向马斯洛所说的"自我实现"之路走去。

回到学员的留言。之所以本周专门写此文讨论，就是因为"为学分而学"的认识遗忘了学习的本质，而且还隐含着一种错误的方法论：用外在的奖赏来激发内在的兴趣。

为什么新网师不刻意追求把学习与外在的证书、考核等联系起来？因为我们深刻认识到，外在的奖赏固然有一时之效，但从长远来看，反而会损害学习本身。在惯常的思维中，员工工作效率低下怎么办？加工资。儿童不爱学习怎么办？奖励小星星。孩子不听父母的话怎么办？打一顿。这套"胡萝卜"（奖励）加"大棒"（惩罚）的奖惩理论来源于行为主义心理学：不管是什么行为，都可以通过刺激予以强化或消除，达到预期目的。然而人不只是像其他动物一样简单地被环境刺激而塑造，人还要寻求意义感。《奖励的惩罚》就精辟地剖析了奖惩的弊端，作者埃尔菲完全否定了奖惩理论。他认为，流行的奖惩理论不仅没能从根本上让员工热爱工作、学生爱上学习、孩子"乖乖听话"，甚至摧毁了人们对工作、学习、培养良好价值观的兴趣，造成了极为恶劣的后果。

大家估计都熟悉下面这个经典的故事：

有一个老婆婆非常喜欢安静，害怕吵闹。可是家门口总有一群孩子玩耍吵闹，于是老婆婆便想了个办法。她把孩子们叫到跟前对他们说，她一个人非常孤单，所以希望孩子们能常常来玩，说完塞给了孩子们每人一把糖。然后，孩子们便每天都来玩,老婆婆每天都给他们糖吃。后来孩子们得到的糖一天比一天少,直到有一天一块都没有,孩子们生气地说:"我们是为了给你带来热闹才来玩的,以后我们再也不来了!"于是老婆婆家门前恢复了宁静。

这就是典型的用奖赏消除兴趣的例子。早晨读到一段话,说得很好:"一件事是否可持续,就看它的力量来源于自身还是来源于外部。如果来源于自身,那么即使现在的力量再小,最终它也会变得无坚不摧的。而来源于外部,那么即使现在的力量再怎么强大,一旦环境发生改变,你也将一无所有。"

(四)

理解了这些,你也就理解了新网师会聚人的"尺码"是什么,也就理解了《招生简章》中的这段话:

> 真正热爱教育。对教育、生命等未知领域充满兴趣和好奇;将学习视为生命内在之需求,而不是外在强加的负担;有终身学习的认识和行动,能耐得住寂寞,啃读书籍,坚持书写;知行合一,将学习与实践结合,躬耕课堂,发掘知识的内在魅力,追求知识、社会生活与师生生命的深刻共鸣。

如果不懂新网师,可能有的人会把这些话当作有的校园里随便写的应景标语口号,漂亮而已,说说而已。然而,它却是新网师文化的灵魂,是新网师努力的方向,每个字、每个词、每句话,我们不仅要写出来,而且要在大地上活出来。

在如今功利盛行、乱花迷眼、喧嚣沸腾的时代里,新网师人召唤远方的你,以日以年,犹如守护一座青灯古寺,回归教育原点,重新学习热爱!

三、一个人的开始

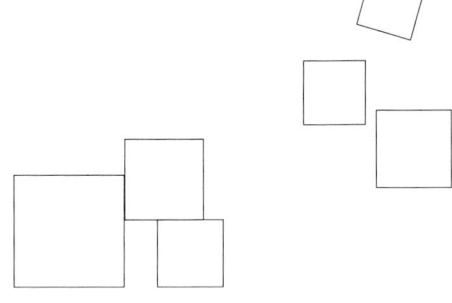

这是冬日里寻常的一天,许多商店的橱窗上已经开始张贴绿绿的圣诞树和白衣红帽的圣诞老人。

不经意间,一年即将结束,不禁感慨,时光过得真快。其实,时间不会变快,也不会变慢,而是我们在渐渐老去。

其实,也不仅仅是年龄的增加,主要是感觉一事无成,蹉跎岁月。

南国万木翠,北国野茫茫;候鸟掠线影,岁月添年轮。在这个星球上,每时每刻都有人带着或眷恋或绝望的痛苦而永远消逝,每时每刻也有新的生命在亲人的欣喜和期待中呱呱坠地。你唱你的歌,他走他的路,在生命这趟列车上,每一个人都购买了单程车票,面对每日清晨簇新的太阳,都是一个人独自开始。

(一)

"一个人的开始",是一位新网师学员的网名。

周六,由她承担的为期两周的"每日一诗"任务结束了。

在课程结束语中,她写道:

课程是结束了,但绞尽脑汁的选诗和解读,一家人为着一句诗的翻译切磋琢磨，做"每日一诗"时"高堂明镜"老师从排版到图片到音乐的耐心指点，新网师同人每天的交流分享，却化作一份美好，收藏在了我的记忆中。

这个不算完美的课程，增进了我对诗人的那份亲切感。我年少时曾与老师同学来元好问墓春游，女儿五岁时，我与自己的先生也曾带着她来此地拜访。当走进诗人的作品，并将他介绍给大家时，女儿已年满十五，我已过不惑之年。这中间，跨越了将近三十年的岁月，怎不叫人感慨良多呢？

在今年的苏轼课程里，我几乎是平生第一次认真走进诗词，以前的阅读，一般只停留在现代文里。为解读苏轼，为培养自己对诗词的感觉，我走进了"高堂明镜"老师开辟的"每日一诗"这座小园里。

在这座小园里，我欣喜地跟随主持人学到了那么多好诗、好词，他们的课程，是这样用心，这样精美。在小园里徜徉，常让我想起晏殊的一句词："小园香径独徘徊"。"每日一诗"是一座芬芳的花园，一个个种花人在这里用心栽培、侍弄，这里的每一条小径，都披拂着美丽的花草，散发着怡人的清香。

每天的徘徊，激起了我一个念头：难道我只愿意做个赏花人，不愿意试着种一次花吗？难道我可以解读苏轼，却不愿意了解自己家乡的诗人元好问，不肯把他介绍给大家吗？

于是，我向"高堂明镜"老师报了名，买来了诗人的作品集，从10月29日开始到11月6日，整整九天时间里，选诗、注释、翻译、解读，念兹在兹……

"一个人的开始"和我同在一个小城，彼此只短暂一见。知道她不是教师，但天性良善，心怀悲悯，热心公益，是儿童福利院的一名志愿者老师。而她，凭着对阅读的热爱和文学的情怀，加入新网师，在一次次的课程学习中挑战生命，抵御平庸。

她没有迷恋于购物、减肥、化妆，没有用言情剧、麻将、聊天来填充日子、消遣时光，而是选择新网师，亲近经典，坚持阅读，而且把公益事业作为生活中的一部分，这需要有一颗多么温柔而善良的心？

在任何时代，欣赏诗歌总是少数人的行为，尤其在今天这样一个言必谈利的浮躁社会，段子盛行，"鸡汤"满屏，而她却沉浸在诗歌的花园里，慢慢品味，细细咀嚼，独享清香，这需要一颗怎样宁静而细腻的心灵？

（二）

有人在诗歌的花园里独品幽香，有人在现实的校园里擦亮梦想。

同样是本周，罕台新教育学校迎来了第三个立校日。时维腊月，岁在癸巳，大漠深处，罕台小镇，欣逢佳日，共享庆典，群贤毕至，少长咸集，孩子们用朴素而隆重的庆典向前来参加庆典的朱永新老师等嘉宾呈现了生命的芬芳。

朱永新老师在微博中说："参加罕台新教育小学立校典礼的许多朋友很难相信，在大漠深处有这样一所充满着音乐、歌声、书声、笑声的学校。华严集团的徐锋董事长说，表面上看是教室里的小小变革，其实这是一项修复中国文化基因的工程。江西省作家协会宋清海副主席说，很久没有这样感动了。这是2013年最让他感动的事情。"

当大多数农村孩子仅能保证就近有学上，上学能吃饱饭时，这些农村孩子已经享受了超过城市孩子的优质教育，吃上了连家里也少有的可口饭菜；当大多数城市的孩子需要家庭额外支出才能学会跳舞、唱歌、绘画等技艺时，这里的孩子不需要额外花费，在学校就可以长袖翩翩、能歌善舞、轮滑优雅、弦歌悠扬……

更令人惊叹的是，这些孩子所呈现的那种儒雅、自信、活泼和朝气蓬勃的精神气质，不是仅靠高分数或几项技艺就能赢来的。

而今教育，批判者多，怀疑者多，失望者多，故建设者、希望者弥足可贵，而坚守者、创造者，能做事并做成事者更是凤毛麟角。罕台新教育实验小学的价值不仅仅在于开发出了卓越的课程，培养出了卓越的学生，更在于为挣扎、彷徨在基础教育一线的校长和老师点燃了希望之光，为"疾病缠身"的基础教育带来了信心。

没有什么可以轻易把人打动，除了梦想。

没有什么可以轻易把人打动，除了内心的爱。

没有什么可以轻易把人打动，除了前进的脚步。

没有什么可以轻易把人打动，除了向世界绽放灿烂的花朵。

或许，是因为"花朵"太美丽了，导致有人质疑它的真实。

数据吹出成绩，课堂变成作秀，口号等同行动，考分横扫一切：在这样一个社会教育背景下，引来别人的质疑是很正常的，有质疑之声也是正常的、必要的，教育要回归朴素，回归常识，回归真理，离不开质疑的声音。

但需要警惕的是，不能因为看到月亮，就全面否认太阳。带着先入为主的观念怀疑一切又是另一种矫枉过正。弄虚作假，吹出教育的"泡沫神话"是不理性的，戴着有色眼镜看待所有也是另一种不理性。

一朵鲜花胜过一千个真理！

我想，罕台新教育学校必将在未来的中国教育史上留有一席之地，并随着岁月流逝而更加凸显其价值，高度已在那儿，标本已经成型，并启迪后来者：为什么我们达不到这样的高度？真正制约一所学校发展的核心是什么？

一所成功的学校，既是培育学生的殿堂，也是成长教师的摇篮。相对于孩子们而言，在罕台的年轻教师也同样是幸运的（虽然，可能有人还不一定领这份情），因为在职业初期遭遇怎样的校长，将决定你在职业上有怎样的起点，甚至是终点！

（三）

周四，我主持的教育学经典课程结束了。

这是我第二次主持《教育的目的》《教育人类学》两本书的共读。虽然每次主持前，均花费大量时间认真准备，但才疏学浅，仍不甚通透，很多知识还仅仅是停留在字面上，而没有化为解决实际问题的智慧。

当然，对我来说，收获还是很大的。最好的学习方法就是教别人学习，而我，实际上也是把主持的机会当作对学习的挑战，逼迫自己沉浸到文本中，一次次唤醒那些沉睡在书籍中的名词："危机""遭遇""信任""时间""经历""表达"……

在担任讲师时，我曾和教务长谟祯说，这门课程最好让其他更合适的老师来承担，以免影响新网师的声誉（我知道自己的水平），但如果没有合适的人选，我会义不容辞承担起来。

新网师给予我太多，在新网师有困难时，我不会撒手不管、视而不见——这一直是我对新网师的承诺。

回想2013后半年，安排过于密集，忙于事务多（当然，面对新工作，这是非常必要的），沉潜学习少，高质量的阅读更少。终日忙碌，有时顾此失彼，回头反思又懊恼无比，心情经常被焦虑和懊恼裹挟，失去了从容和节奏感。

希望新的一年，生活安排再简单一点，节奏慢一点，寻找生活的节奏感，瞄准几个方向，沉潜阅读，而不是四面开花，处处蜻蜓点水。

新网师课程质量一向是非常高的。这和讲师的学术水平有直接关系。

革命尚未成功，我辈仍须努力！

新的一年，我将重新校准前行的方向，开始一个人的跋涉之旅！

（四）

一则微博说得好：

> 每一天，都是我们生命中一个新的开始，惜时如金的人知道把每天都当作一个新的起点，不停歇地跋涉，不疲倦地奋斗。有些人比你走得远，比你站得高，并不是他比你能干，比你聪慧，而是他每天比你多走一点，多做一些，时间长了，自然走到了你的前面，站到了你的上面。努力永远不晚，要学会现在就开始行动。

文章可抒情，求学要严谨。

时刻警惕：才疏学浅而懒于学习，莽撞无知而盲目自大，金玉其外而败絮其中。

时时提醒：不要成了华威先生。用老家的一句方言，叫"穷忙"！

四、向下扎根，野蛮生长

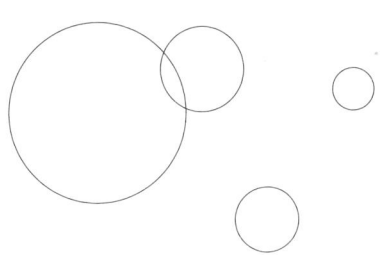

又是周末。

一看日历，已近6月。感觉春节才刚过，今年就要过半。时间过得越来越快了，每天总觉得还有好多事未做，就夜幕降临。

你是否也有如此感觉呢？

《南方周末》的一篇文章写道："为什么童年时光会显得如此漫长，而长大之后时间就越来越快呢？最新的解答是——随着人年龄变大，眼睛的生理特征出现退化，老年人一天之中比年轻人接收了更少的图像，所以会感觉时间过得更快。"

答案是否真实并不重要，重要的是自己已远离青少年时期，并渐行渐远，永无返回之可能了。

（一）

先说一说新网师的事。

新网师最近除了正常的授课，主要紧锣密鼓筹备两件事：一是本月底的构筑理想课堂高级研修班，二是暑期新网师专家深度共读营。

构筑理想课堂高级研修班筹备事宜正在有序推进。本来准备接收100人，因报名人多，现在已经突破150人。新网师没有专门的运营者，高研班会务完全由即将退休的郭小琴老师一人统筹负责。麻雀虽小，五脏俱全，从报名审核、统计信息，到购买胸卡、拖鞋、脸盆、笔记本，联系车辆等，事务非常繁杂、烦琐。郭小琴老师反复对我说，这是新网师首次组织线下培训，来的都是"自家人"，一定要精心组织好、服务好。对于后勤服务，我也是从老师们切身角度考虑，尽量在舒适与实惠之间取得平衡，既想为自掏腰包的老师们省钱（虽然有许多老师是可以报销的），又想让老师们感到舒适愉悦。如果不是如此考虑，如果是为了营利，联系外面的酒店更省心省事，更划算。能如此策划，也有赖行知宏实验学校武拥军董事长的鼎力支持和热情相助。当然，即使考虑再周全，毕竟是在学校食宿，与专业酒店相比还是简陋；虽然郭小琴老师已经力求每个环节尽善尽美，也难免会出现疏漏。未考虑周全之处，请参会老师及时沟通，多多理解。

（二）

之所以要组织暑期专家深度共读，核心是为促进新网师专家的专业成长，所以学习培训都不收取费用。消息发布以来，冯美娣、龚保全、赵兴乐等许多新网师学员热心联系共读场地，经综合考虑，共读营确定在新网师附属学校——河南汝阳县实验小学举行。

近一年来，新网师按照发展规划，搭建整体架构的近期目标已经实现，要进入内涵提升了。就像建造房子一样，房屋主体已经盖起来，下一步要转入内部装修、装潢阶段。新网师要做精品专卖店，而不做集贸市场的杂货店。在新网师发展上，我特别警惕一种现象：摊子铺得大而杂，但维护跟不上。课程没有质量，学习没有收获，这等于自毁城墙，自砸品牌。对于新网师来说，这不是杞人忧天，而是有前车之鉴。曾经有朋友聊到在基层推销杂志，当地领导尖锐地说：你们的杂志文章质量太低，随便收集一些文章就发表，还不如我们自办的杂志呢。

这，不得不深思。

学员要胜任新网师专家称号，需要在某一方面（领域）有独到、精深的见解；

或者能高效解决某一类问题；或者在课程、课堂等方面长期实践探索，有丰富的经验；或者像讲师何其刚老师一样，能在小技术上做出大文章。要成为名副其实的专家，不能仅仅有热情，关键还要有解决问题的能力。教育是一项专业性特别强的工作，没有热情做不好，仅有热情也做不好。这就如没有哪个医生是仅仅靠热情就能治好病一样，没有哪个老师仅靠热情就能培养好学生。现在，每一个专家需要提高的空间还很大，需要学习的知识还很多。聘任为专家的新网师学员更应该在学习上勇猛精进，长期修炼，成为学员学习的榜样。新网师会持续为专家库的老师提供更多的学习机会，也希望更多的学员成为专家库成员。

当然，有平台、有荣誉、有赏识，会激发更大的学习积极性，如果没有呢？我想老师们都知道答案是什么。

（三）

有朋友说，专家组里名师很少啊！

我想说的是：一方面我们随时都欢迎并真诚邀请认同新教育、新网师的名师参加；另一方面，我们也不必太迷信"名师"，英雄不问出处，只要身怀绝技，不论是否有头衔和荣誉，你就是名师。何况，名师也是成长起来的，即使是朱永新、李镇西老师，过去也曾是普通老师，新网师专家库成为未来名师的摇篮，这也是很现实的。重要的不是你处的位置，而是你朝的方向，只要你有一颗不甘平庸的心和持之以恒的行动，你也能成为桃李满天下的名师。

其实，能否成为名师不是最重要的，重要的是每一个个体在不懈探索和追求中，寻求到生命的意义，在完善自我、实现自我、超越自我的同时，为这个生生不息的世界增加光和热。正如朱永新老师说的："我们原本卑微，因为新教育，因为一份使命，我们的生命由渺小而庄严，我们的工作由稻粱谋扩充至千古事，我们的世界也由柴米油盐放大到家国天下。"

英雄不问出处，只要你身怀绝学，新网师就会为你提供平台和舞台。新网师中刘广文、冯美娣、孙静等讲师，虽然不是头衔满满、世俗意义上的"名人"，但他们精心备课，潜心授课，认真批改作业，及时解答学员困惑，授课质量非常高，深受学员的好评。

学员李琳老师戏称自己加入新网师语文研课班级之后，彻底变成了一个一年级的"小学生"。她说："孙老师的讲解那么专业，让我不得不以一年级小学生的心态来仰慕她；她给我们布置作业、批改作业，打分数、分等级，并在讲课的时候分析作业成功和失败的地方，我们都听得心服口服……"

（四）

回到今天的核心话题：这学期，最让我佩服的是方娇艳老师。

方娇艳老师初次给我留下印象是因为思维导图。她上学期选修了我的课程，每次授课结束，当所有学员还在回味授课内容时，她随即将授课知识点以思维导图的形式发出。思维导图清晰、详尽地梳理了授课的主要内容，让我和许多学员叹为观止。仅从这一点也能看出她听课之认真和专注。

后来她的阅读打卡一再被置顶，加深了我的印象。

她写作之勤、思考之深、表达之真，得到许多学员的关注和点赞。我粗略统计了一下：从上学期到现在255天，方娇艳老师画了几十张思维导图，每日打卡，写了255则打卡文章，共获得98次置顶，得到2727次点赞，做到了每天阅读，每天写作。如果每则打卡用平均1000字来计算，她已经累计写作近30万字。尤其值得称道的是，方老师每次作业字数达6000多字，学习之细致认真，实在让我钦佩。

方老师也是一线教师，教学任务一定也不轻，她是如何做到这样的学习品质的呢？从她的打卡中可以窥见原因。

"昨天驱车一天，到家就急不可耐地继续生命叙事的书写，我想在老家新年腊月二十八这一天写出初稿。"（2月2日12点34分）

"坚持学习，是对生命价值的守护。昨晚耗尽心血终于提交了大作业，8866字，简直就像是文字马拉松，心头的重担终于落地。"（1月25日22点19分）

"提升学习力，探寻自我。在返回上海的途中阅读《给青年教师的四十封信》之《学习力》。（5月4日23点08分）

"今天和家人外出晚餐，席间阅读《给青年教师的四十封信》。"（5月3日23点20分）

"五一长假，和家人一起自驾出游。我随包带着郝老师的《给青年教师的四十封信》。"（5月2日23点20分）

"今天清明，在植物园，看着孩子在阳光里追逐嬉戏，抽空阅读了《教育人类学》关于希望的内容。"（4月5日18点34分）

从这些零星的信息中可以看出，方老师抓住旅途、饭前饭后等一切碎片时间读书学习，在夜深人静大多数人刷手机、看微信时阅读写作。3月21日，方娇艳老师提交了近7000字的预习作业，在当日打卡中感慨道：

> 转眼加入新网师已经有半年多，这180多天，竟然一天不落地坚持阅读和写作打卡，最重要的是，在新网师的虚拟平台中，反而获得了现实环境中难以获得的对阅读和写作的执着和坚持，这都源于新网师的核心理念——共读、共写、共同生活。

（五）

向下扎根，野蛮生长。

方老师呈现了一个生命自觉者的舒展和进取状态，她在不到一年的时间呈现的学习状态和成果超过了许多人十年甚至一辈子达到的。这种精神弥足珍贵，是因为大多数老师的状态与此不同，他们在大多数时间里，凭借着本能而生活，日复一日，年复一年。

魏智渊老师曾经如此形象地描述道：

　　一个老师，他往往是被动地工作，像一个零件，被镶嵌进学校这台快速运转的机器中。从早操一直到晚自习，中间无非是上课、下课、备课、批改作业，有空就偷着打个游戏或上网聊天，晚上回家了再看看电视做做家务，如此而已。身体，是被学校这台机器规定了的，但是心灵，却没人可以规定，于是就长久地陷入倦怠、麻木、散漫状态。这种情况，可以称为"身体紧张，头脑放松"（跟学生在他的课堂上的状态一样）。一推一动，不推不动，推急了乱动，能不动尽量不动。多数情况下，动力来自胡萝卜（工资、奖金、职称……）与大棒（考勤、评比、下岗威胁……），以及最为朴素的良心。

　　这是一种不自由状态。在这种状态下，你不是你，你是各方意志斗争的产物，是一个被操纵的对象，就像你的学生是被你操纵的对象一样。这种奴役状态，伴随的是软弱的不稳定的情绪（哀怨、逃避、怯懦、无意义感）。这种情绪，正是心灵鸡汤和处世哲学存在的最合宜的土壤。（当然，也是不成熟的情绪化的半吊子民主自由派思想的土壤）

本学期已经过半，我也看到有的学员除了名字挂在课程群里，再也找不到其他痕迹；有的学员三天打鱼两天晒网，忽冷忽热；有的学员仿佛一个怨妇，还在怨这怨那，却从未向内反思；有的学员开始谈养生保健，好像学习与工作就必须建立在牺牲健康的基础之上，从未思考保养好身体用来做什么……

浏览完方娇艳老师的小打卡，不禁想起能代表新网师精神的两句意味深长的话：

"洋葱、萝卜和西红柿，不相信世界上有南瓜这种东西，它们认为那是一种空想。南瓜不说话，默默地成长着。"

"能登上金字塔的生物只有两种：鹰和蜗牛。"

浩瀚宇宙，世事无常，每个生命个体如一只小船飘摇在岁月的洪流之中，随时都有搁浅、迷失和停顿的可能。方娇艳老师犹如一个镇定、坚毅的船长，驾驶着生命的航船在洪流中披波斩浪，一路向前。

　　人总是通过内心去体察这个世界与自我，然而人心却很容易蒙尘，以何为心灵拭去尘埃，从而让观察世界的眼睛清澈？

五、感动之后，能留下什么？

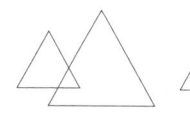
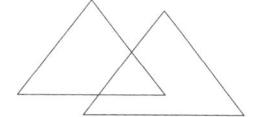

龙城太原朴素而隆重的新网师首届高级研修班结束了，但"地震"的余波依然在扩散、蔓延，并久久回响……

两天时间，报告、观课、对话，头脑风暴，高峰涌现；卧谈、合影、访友，朝夕相处，情深意浓。确实，这次活动食宿简朴，但若干年后，正是这种简朴的体验一定会成为记忆中难以磨灭的高光时刻。

太原之行，许多老师说是一次"朝圣之旅"，我想说：是一次脑洞大开的学习之旅，一次灵魂回家之旅，一次虽然素未谋面但胜似亲情的相聚之旅，更是一次深刻发现自我之旅。

贾颖老师说："深感自己如丑小鸭，因遭遇白天鹅而不愿回到过去。"赵玲玉老师说："自学习回来之后，就如同受了重创一般。"刘玉香老师说："多少次，我忍着没让眼泪流下来。"刘洪娥老师说："虽然回到工作岗位上，但是我的思想还在太原理想的课堂。"为学员带来震撼讲座的孙影博士说："作了这么多讲座，唯有新网师的讲座不一样，在上面讲授时，看到学员们一双双明亮的眼睛，自己倾其所有的想法油然而生。"

讲师们也让我感动。风尘仆仆赶来的李镇西老师在前一天晚上给我留言，"此次报告不要讲座费"；孙静老师说"要给也少给点"；刘广文说"如果经费紧张就先给其他人吧"；孙影老师说报告"免费赞助"；张海英校长也谢绝了报销往返路费，要"给新网师省点钱"……

在返程的武宿机场，徐明旭老师用诗一样的语言写道：

许多年以后，当青丝变成白发，额上走过岁月的犁铧，我一定会记得在龙城太原郊外行知宏学校两天的研修经历。两天里，我感受到了一群理想主义者对教育的美好期待与关怀。在这个众声喧哗的年代，在一浪高过一浪的功利主义的洪流中，他们依然在仰望"头顶的星空"，追寻着心中的道德律！

在那里，无论老师还是校长，无论中小学老师还是大学教授，无论是普通老师还是高级、特级教师，无论青春年少还是年届花甲，甚至家长、公务员……都在进行着扎实有效的学习。这让我相信，一个又一个平凡的日子之后，就有春光无限，以及一树一树的花开！

在那里，我感受到新网师家人的真诚与热忱，感受到一个个新网师人的成长与成熟。在那里，知识、智慧、情怀成为教育的主题词。这是一群怀着远大文化理想、富有文化想象力的人，心怀美好，肩负使命，山程水驿，踏歌而行！

两天的研修经历，丰富的学术盛宴，受到思想的冲击、心灵的震撼的同时，难舍新网师的家人们！我知道，当我们回到各自工作与生活的地方，我们将要经历的依然是平凡的日子、长久的思索和寂寞的探寻。但，我们的教育生涯将因为这短暂的相逢而熠熠生辉！李镇西、郝晓东、郭良锁、刘广文、孙影、孙静、卢雪松、方娇艳、穆勒滚、马增信、陈娥、刘玉香、何晓敏……一个又一个名字，激励我不断"向青草更青处漫溯"。

（一）

许多人不解：新网师有何魔力能产生如此神奇的效果？

其实很简单，我们只是像小王子驯养狐狸一样，彼此"驯养"，让彼此成为世界上的唯一。

对我来说,你还只是一个小男孩,就像其他千万个小男孩一样。我不需要你,你也同样用不着我。对你来说,我也不过是一只狐狸,和其他千万只狐狸一样。但是,如果你驯服了我,我们就互相不可缺少了。对我来说,你就是世界上唯一的了;我对你来说,也是世界上唯一的了。(《小王子》)

对新网师来说,每一个学员只是素昧平生的个体,和世界上芸芸众生中的个体一样,并没有特殊的意义。对你来说,新网师也只是一个虚拟的学习共同体,与这个世界上众多学习型组织一样,没有真切的联系。但是如果你"驯养"了新网师,新网师"驯养"了你,彼此就互相不可缺少,成了这个世界上的唯一。

新网师与学员的"驯养"是如何建立起来的?

一言以蔽之:共读、共写、共同生活。

日常学习中,我们围绕在知识这一伟大事物的周围,孜孜不倦地探究、切磋;直接与人类历史上一个个伟大而智慧的大脑对话;一次次向知识的巅峰发起冲锋,挑战自己的不可能。正如《新教育年度主报告》所言:"我们在共读中继承人类历史上共同的文化遗产,拥有共同的语言和密码;在反复交互的书写中,彼此理解,并在不断的自我反思中加深认同。通过共读、共写、共做(行动),彼此沟通,相互认同,拥有共同的英雄与传说、共同的精灵与天使、共同的图画与音乐、共同的诗歌与小说,并逐渐拥有共同的信仰、共同的价值观、共同的愿景、共同的未来。"

若无此,新网师就将失去灵魂,不是一个真正的学习共同体,有可能蜕变为世界上众多的乌合之众之一。

会聚,也就失去了本真的意义。

共读、共写、共同生活的理念,对新网师有深远而重大的意义,对于一个家庭、一个班级、一所学校,乃至整个社会,不也如此吗?

（二）

感动之余，也有许多深思。

新网师对于学术共同体的定位是：高端、纯粹、知行合一。新网师的目标是培养卓越教师，而不仅仅传授一招半式的技能，也不是打造几个能评上职称、发表文章、上几节好课的优秀教师。成立十年来，新网师曾涌现出一批引领中国基础教育发展，既有宽厚理论根基又有丰富实践经验的教育专家和卓越教师；十年来，曾有博士、硕士、教授、作家、政府官员在此潜心求学；十年来，多少学员在新网师击碎了"旧我"，再造了一个崭新的自我。

今天，新网师所呈现的一切，所抵达的高度，所探及的深度，还远远达不到我们的预设。所以，我不是担心学员们抵达不了远方，而是担心误把脚下当作远方。新网师不是带着大家逛公园，而是要一起攀登珠穆朗玛峰，到珠峰顶端呼吸清冽的空气，领略"一览众山小"的壮阔与豪迈，是个体直面苍穹而内生的庄严与谦卑。

高质量的研讨应围绕特定主题，精神高度集中，全力投入，犹如在鸡蛋上雕刻、丝绸上绣花。应聚焦于细微处、关键处和认知的破裂处，避免在词语概念上打滑，表达一些四平八稳正确的废话。

高研班虽然已经精彩纷呈，但大多数老师由于日常研究不够，对理想课堂还停留在概念的层面，在认知上还属于浪漫阶段，没有进入精确阶段。研讨还缺乏对理想课堂的高度聚焦与精深钻研，对话还只是问答式而没有唇枪舌剑的交锋，观念趋同性强而思辨性不够，感性有余而理性不够。

我们的理论素养亟须提升，认知结构有待完善，语言表达欠缺凝练，实践操作尚需雕琢，演讲能力需要提高。即使是课件的制作技术，也需要精雕细琢。至于演讲，李镇西和孙影老师就是我们最好的学习榜样。

要警惕虚幻的自我满足，以为输入许多，明白不少，但可能没有内化和输出，没有转化为教室里的生产力；要警惕三分钟热度，刚回去还心潮澎湃，但没多久就"涛声依旧";要警惕过度的人际交往,警惕嘘寒问暖稀释了学业上的勇猛精进。有的老师培训结束进了新的微信群,加了不少新朋友,每天沉浸在微信群寒暄问候,写几句话还要考虑配个表情图,遇到不懂之处就轻率询问,微信群中充斥着"好的""嗯嗯""谢谢"以及一串串点赞的表情图。空闲时间不是啃读文本,而是不断刷着朋友圈欣赏着别人的精彩,大把的精力用在浏览微信群和朋友圈,而原本钻研的书本却束之高阁,日渐蒙尘。

我今天决定解散"构筑理想课堂高研班群",估计许多朋友一开始都感到惋惜。我留言:

  不忘初心。我们为什么会聚在一起?不要因为走得太远而忘记当初为什么出发。高品质的学习共同体,交往冷冷清清,学习轰轰烈烈。低品质的学习共同体,假学习之名,交往轰轰烈烈,学习冷冷清清。我们当然要会聚。在哪里会聚?在打卡群和课程群。会聚什么?知识和学问。

许多学员尊称我为"郝院长",我完全理解这是大家的真诚和尊敬,在日常生活中这也完全没有问题。只不过,在新教育和新网师,从来都没有职务高低之分,大家都是一路同行的求学者。我对朱永新主席、李镇西院长一向也都是称呼"朱老师""李老师"。他们也更愿意被称"老师",我也认为称"老师"比其他头衔更能表达尊敬和亲近。所以,在新网师,不论什么职务,彼此也一律以"老师"相称。虽然这只是一个细节,但我认为小事不小。

(三)

两天的培训能为我们留下什么?

正像孙影老师在报告中所问:三年前的讲座还能记得多少?同理,三年后,高研班还能为你留下什么?这需要我们每个人用行动来回答。

不管怎样，人生中需要不断创造这样的"高峰体验"和"压缩时刻"，为生命注入拔节成长的燃料，为生命航船校正前行的方向。我欣喜地看到，许多老师已经行动，比如殷德静老师已经开始给学生写信。

对我而言，此次高研班有两句话对我影响最深。

一句是李镇西老师说的"幸福比优秀更重要"。对这句话，我过去一直有疑惑：优秀不是更幸福吗？此次才真正理解李老师这句话的背景。他在40多岁以前，在没有官方荣誉的情况下，用内在良知和勤勉的行动守护着教育本真。李老师的伟大之处，不在于用勤奋换来成功，而是在没有成功的平淡日子里的选择与坚守。

那么，假如没有成功的吸引，我们选择什么？这是我这次的主要收获。

第二句是孙影老师说的"40多岁，还应再奋斗十年"。虽然没有这句话，我也有如此认识，但这句话加深了对自我的认同，仿佛找到了前行的同伴。人生短短，过程比结果更重要，正值壮年，岂能虚度？奔跑的姿态最美。

高研班犹如花朵的一次盛开。

一次惊艳的绽放之后，继续深埋淤泥，扎根泥土吧。回归寂寂长夜，让我们相约在远方的另一个黎明，彼此带着芬芳的花朵和饱满的麦粒……

六、叙事的意义

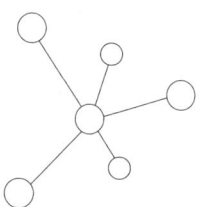

7月12日至14日,我在泰州市姜堰区参加了一年一度的新教育全国研讨会。

参加年会对我有多重意义:一是聆听报告,考察学校;二是结识同道,拜访友人;三是为新网师筹措资源;四是与新网师家人会面。

年会期间,我与王兮开玩笑说:我像是一个寺庙住持,四方游走,到处化缘:为新网师筹资,寻觅讲师,选择线下培训地点。此行收获不小,与余国志老师商定开设讲座,与郭建珍老师商定开设"构建学习共同体"课程,与向荣贵局长商定明年在旺苍县举办第二届高研班等。

新教育年会第二天上午,会务组安排到姜堰区各个学校考察。虽然我也很想去,但还是留在酒店,一是因为第一天有些累,需要休整;二是撰写"新网师一周观察";三是从热闹中抽离,让思维保持清澈。

(一)

年会第一天我向朱永新、李镇西老师简短汇报了新网师工作,与其说是汇报,不如说是商谈问题对策,因为他们太忙了,见面时间很短,我只能挑选最紧要的、最需要解决的事来汇报。晚上,与二十多名新网师老师座谈,李镇西老师身体不适且事务繁多,但专程参加并与老师们诚恳交流,一一合影。

回头来想，很感激朱老师和李老师对我的信任，如果没有这份信任，工作就很难开展，很难持久做好。

我一向习惯考虑事，不擅长琢磨人；或者说，我习惯专注事务，而不擅长琢磨人际关系。如果一边做事，还得一边时刻揣测领导意图，时刻琢磨如何向领导汇报以证明自己在做事，证明能把事情做好，就会感觉很累、很不舒服，进而降低做事品质。如今，我能在新网师心无旁骛地做事，主要就是朱老师和李老师的无限信任，我不需要在人际关系方面多操心，将人际关系的损耗降到了最低。

我以为这正是一个学习共同体、创造性团队应有的文化，等哪天新网师老师们聚在一起不是聚焦知识与课程，而是讨论人际纠葛时，新网师就开始滑坡了。

当然，正因自己不擅长沟通，所以更需要加强沟通，或者选择擅长交际者去沟通。

（二）

年会一如既往地精彩、盛大、隆重！

姜堰区教育局林忠玲副局长以"堰上花开"为主题讲述了姜堰区践行新教育的故事。我坐在会场聆听姜堰及其他实验区榜样者的新教育叙事，发自内心为这些有教育情怀、有扎实行动、有创造力的校长、教师而感动。这也正是新教育能吸引召唤全国各地教育者会聚参与的根本魅力之所在。

新网师学员郭建珍、牟正香校长、曹雄校长、安茂盛校长等作了报告或叙事，董艳、刘金超、卢雪松、王振强等老师受到了表彰。我坐在主席台下，聆听学习，由衷地为他们感到高兴。

感动和高兴之余，我不禁思考：

教育叙事的价值和内涵是什么？如何才能做好叙事？

如果缺乏这样的深究，就会把"讲故事""作汇报""作展演"当作叙事，违背叙事本质，误解叙事意义。

什么是教育叙事？

刘良华教授说："教育叙事就是以讲故事的方式表达作者对教育的解释和理解。它不直接定义教育是什么，也不直接规定教育应该怎么做，它只是给读者讲一个或多个故事，让读者从故事中体验教育是什么或者应该怎么做。"

教育叙事的理论基础是现象学（回到事实本身）、解释学（研究者与被研究者彼此互动、相互理解、沟通建构）和文学叙事学（在讲故事中呈现意义）。

为什么要引入叙事？

因为常规教育研究主要采用科学主义的实证研究，但科学主义在研究教育中存在"见物不见人"的不足。教育是非常复杂的，有些方面如教育中灵魂的共鸣、情感的细腻、内心的体验、价值的生成，是无法完全观察和量化的。通过叙事能弥补科学主义的不足，体味教育的复杂性、教育情境的丰富性以及教育对人心灵的启发，增强教师对教育的反思能力。叙事呈现的意义深刻性、情感丰富性、对人内心世界的强烈冲击性，是科学实证主义难以达到的。

叙事，就是通过观察者适当的"剪裁"，生动、鲜活、完整地对事件进行描述，呈现事件的本质，让事件本质处于无蔽状态，让本质以本来面目呈现。成熟的叙事，貌似客观、朴素、纹理清晰、不加评述地描述事件，但是能在读者心中引起强烈的震撼。

叙事不成熟，常表现为三个方面：一、过度抒情，情绪就像云彩，漂亮，但常掩盖了天空的深邃；二、讲道理，若非特别必要，要让事物本身开口说话，而不要代替事物说话；三、缺乏节奏，一切事件都有节奏，就看你能否把握。

成熟的叙事与许多流行的教育叙事有本质的不同。成熟的叙事，叙事者退居幕后，走上前台的，是事件本身所体现的奥妙与神奇；流行教育叙事中，叙事者纵然伪装谦逊，骨子里也是傲慢的，叙事只是自身高超教育艺术的证明。成熟的叙事容易引向对教育教学本身的深刻思考，流行的教育叙事则导向对叙事者的崇拜。流行的教育叙事是优美的，阅读它会感觉到愉悦；而成熟的叙事是崇高的，聆听它会感觉到震撼。流行的叙事者容易扮演全知全能的上帝的角色；而在成熟的叙事中,叙事者对事件本身怀有敬畏。

通过叙事可以呈现本质,但叙事不恰当,现象反而会遮蔽本质。要想写好叙事,关键是叙事者对事物的理解力,对本质的把握能力。从教育角度来说,叙事者要具备高度的专业能力以及叙事水平,不被现象所迷惑干扰,能够从蛛丝马迹的细节中敏锐地把握本质。

德国人类学家博尔诺夫说:"这种描写并不是能很快把握的初级技术,正相反,它需要具备极高的学问,需要进行长期刻苦的训练。因为这还关系到抛弃原有的一切偏见,以便全面地看到事物本身,为此需要一种唯有经过长期磨炼才能掌握的技巧。"

当然,新教育年度全国研讨会也有展示、宣传、激励的作用,把美好的一面呈现出来,同样非常重要。

(三)

年会之后,我就与十几名新网师老师从扬州乘机到洛阳,抵达汝阳县开启为期一周的新网师暑期深度共读。新网师老师总是有一些独特的气息,在机场、车站等候时大多在安静读书,与其他乘客看手机相比,成为一道独特的风景线。

在汝阳县的一周时间里,三十多名新网师专家与汝阳县实验小学的十几名老师在酷暑中啃读杜威的《民主主义与教育》。每天上午三小时,下午三小时,逐段逐篇朗读、对话、聆听、讨论,中午和晚上还要预习、写作,七天时间,编辑了七期约十万字的共读简报。如此啃读,被大家戏称"一个疯子带着一群疯子"。

七天时间,沉潜经典,挑战认知,浸润书香,不啻一场头脑风暴、精神盛宴和思想大餐,原来陌生、艰涩的文本变得如此亲切、晓畅,参与的老师们真切感受到经典的独特魅力和巨大价值。

七天时间,老师们共读、共写、共同生活,亲如一家,留下了许多难以忘怀的画面,结下了纯粹深厚的同窗之情;分别之际,依依不舍,感人肺腑,满含对来年相聚的期待。

七、有种相遇叫久别重逢

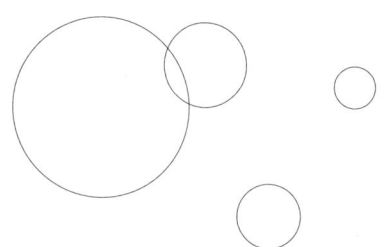

一道秦岭,两地风光。

以北,寒冬腊月,千里灰黄;以南,绿意盎然,犹如初春。

14日,我与郭良锁老师乘坐动车从太原一路向南,穿越秦岭,进入蜀地,抵达广元市旺苍县。

快人快语、永远激情四射的王兮与武侯实验中学的蒋长玲从成都而来,久闻大名素未谋面的新教育名人张硕果老师从焦作而来,我们从四面八方而来共赴一场冬天的"约会"——应旺苍县向荣贵局长邀请,新网师专家团队一行五人参加旺苍县教育局举办的"深度学习,助力教师专业发展"培训会。

(一)

国庆前,我与向荣贵局长加为微信好友。浏览他的朋友圈,内容不多,但平均每日转发一条,基本是教育类文章,大部分在早晨7点左右转发。11月中旬,我在朋友圈发了新书《改变教育的十二个关键词》即将上市的消息,向局长即祝贺,并留言:"我考虑培训前订购一定数量,培训期间请您现场给读者签名。"随后,他向出版社订购了100本。

12月上旬的一天,向荣贵局长在微信群里转发了新网师学员李霞的作业并留言:"李霞老师是我县普济中学一名普通教师,新网师使她蝶变,真的很神奇!"我随后又转发了李霞的另一则打卡日记,向局长回复:"郝老师,旺苍新网师学员共三人,我一直关注她们的变化!这次培训,这三人全程参与,并交流她们的心得。"一名教育局的局长,竟能如此关注普通老师的学习,很难得,不多见。

培训前两日,向局长在微信群里说,给老师们订购的书已经买回来,保证参训老师人手一册。我看了一下,这些书非常好:《第56号教室的奇迹》《思维导图》《教学勇气》《为了自由呼吸的教育》《做有温度的教育》《改变教育的十二个关键词》等。

14日下午抵达广元,教育局向明华副局长已经在高铁站等候,向明华副局长说向局长在广元参加一个高考改革会,所以无法亲自来接站。从广元到旺苍县有60多公里,抵达旺苍县已经傍晚,教育局的其他几位领导和一些校长已经在酒店等我们,让我高兴的是旺苍县的李霞、王红、张斌三名新网师学员也来见面。更让我感到意外的是,十年前就一起在新网师学习的韩岚老师也来了,我只知她是广元人,但不知道就在旺苍县。每日事务那么多的局长竟然如此细心!

我没有见过向荣贵局长。高铁上,想到即将见面,就百度了一下,但未找到一张相片。郭老师指着手机上一张照片告诉我这就是。给我的第一感觉是这么年轻!

快吃饭了,在酒店与当地校长闲聊时,看到微信群里向荣贵局长留言:"辛苦四位老师了,我从广元回来,在路上。"7点左右,见一位穿着深色夹克、看上去很年轻随和的中年男子快步进来,与门口几位校长打招呼后,径直过来与我握手寒暄。听到旁边的人说"向局长",我才知道,哦,这就是向局长,没有一点架子啊!

李镇西老师曾说:"向局长是最有教育情怀、最不像局长的教育局局长。"几天相处,发现确实太不像局长:经常是笑眯眯的,与校长老师们说话,语气都那么谦和;上午讲话,因为超出规定时间还给老师们道歉(其实是因为我超时);讲话的内容像学者一样专业;聚餐吃饭时也不讲究座席位置,随便一坐就开始吃了;

两天培训，他全程参加，连中午都不休息……

在向局长的微信朋友圈中，看到他转发的一段话："诚实对待自己，你是什么样的人，不由别人来阐述，更不要让你不喜欢的那些人定义你。"

我是一个不善于应酬的人，与向局长在一起没有那么多的礼节、客套，感到很自在。一起听讲座，简短寒暄后，就各自安静聆听；中午在学校吃自助餐，我正在吃米饭，向局长给我盛来一碗蘑菇汤，就端着盘子在另一张桌子独自吃；我到洗手间把电脑包放在洗漱间，出来后，向局长已经提着我的电脑包，准备给提回去。因为不客套，也就不见外；因为不见外，我也就顶着专家的帽子好意思地"指导"起来……

昨天，突然想起一句话：有种相遇叫久别重逢。

与向局长、与旺苍相遇是一种缘分。昨天，在点评前，我笑着对校长和老师说，我与旺苍看来是有缘分的：一、旺苍是徐向前元帅曾经工作生活的地方，而我来自徐向前元帅的家乡；二、旺苍是红色革命根据地，我来自八路军根据地，我们的身体里都有红色基因；三、旺苍开展新教育，我研究新教育。

（二）

两天时间，聆听了张硕果、蒋长玲两位老师精彩的讲座，听取了当地一线老师实践新教育的体会和困惑，实地到几所学校进行了考察，我作了以《改变，从阅读开始》为题的讲座，就教师专业阅读读什么、为什么读、怎样读进行了分析。

在反馈点评中，我就新教育实验的内涵和推进谈了自己的观点：

与传统教育相比，新教育有五个反对：1.反对知识与生命的割裂；2.反对学科之间的割裂；3.反对当下和未来的割裂；4.反对校内和校外的割裂；5.反对工作和生命的割裂。

实施新教育要把握五个要点：学生是归宿，课堂是中心，评价是保障，学习是前提，系统是关键。

推进新教育要处理好六个关系：1. 新教育与应试教育的关系；2. 语文学科和其他学科的关系；3. 校内和校外的关系；4. 全面开展与分步推进的关系；5. 新教育十大行动之间的关系；6. 自主学习与专家培训的关系。

培训期间，李霞、韩岚、王红、张斌四位新网师榜样学员向全县老师分享了在新网师的学习经历和体会。李霞、王红每天坚持阅读、书写，本学期打卡都超过了100天。王红说："正是与新教育相遇，才让我这个快50岁的人激情满满。"

李霞说："每天几十分钟或几百分钟的学习，让我愈加体会到学习的好处，这样说，不是我现在才知道自己的不足，才知道学习的重要，而是在过去我不知道怎么提升自己，缺少一个让我能坚持学习、系统学习的平台。这也就是我为什么在日记里常说感恩新教育、感恩新网师，让我成长为我想要的样子。我想，当我从新网师毕业时，我定是一个热爱学习、会学习的老师。"

张斌老师分享了作为一个数学老师在新网师学习并在学校实践的故事，韩岚老师回忆自己因为作业被讲师肯定时，几度哽咽。新网师老师的分享引发了与会校长和老师的震撼：新网师有何种魔力，竟然让老师们有如此大的变化？当然，我深知，我们的学员在新网师不是改变了自己，而是找回了本真的自己。

两天时间，我深深感受到旺苍县教育局领导、校长、老师对新教育的热情，对提升教育质量的渴望。普济中学的青涛等几位校长在晚上专程到酒店与我聊如何在学校开展新教育。向荣贵局长对新网师非常认同，拿出了具体措施支持全县老师加入新网师学习，并与我就新网师与旺苍县教育局下一步深度合作达成了初步意向。两天来的所见所闻也引发了我对新教育实验区建设与推进、新网师定位和发展的新思考：

新网师在深度培训、深度学习、突破线下培训局限方面能发挥独特的优势。如果实验区的教研员、骨干教师加入新网师，假以时日，就能培养一批本土的专家。如果实验区的优秀教师加入新网师，就能帮助新教育有效落地。

（三）

在从蜀返晋的高铁上，联想近期的所见所闻，我在朋友圈发了一段话：

做好一件事，不论是一项教育改革、学习共同体，还是设计一个邀请函，都需要一种内在深刻的领会。没有这种深刻领会，就容易肤浅、散乱、简陋。而这种领会又不是三言两语能表达清楚的，需要时间、专注、沉浸、体验、顿悟……越急切，越浮躁，越难以领会。沉下来，再沉下来，从根本处着手，放在一个较长时间段中考量，羞答答的玫瑰会静悄悄地开！

后　记

这本书中的文章起初是写给新网师学员的信。每周一封，围绕新网师讲述故事、诠释文化、彰显榜样、答疑解惑等。现在选编结集出版，适合新网师学员、新教育实验区教师乃至所有中小学教育工作者阅读。期望让文字穿越更辽远的时空，与更多的朋友相遇，汇聚更多"尺码相同"的人。

之所以写这些文章，主要有两个原因：

一是我从2009年加入新网师至今，十多年的学习浸润和知识积淀深深改变了我的认知结构，乃至工作和生活，所以希望用这些文字，将新网师纯粹、专业、卓越的文化传承下来，影响更多人。

二是新网师属于在线教育，在线教育辍学率高在全球各个国家都是一个共性的难题。我期望通过文章增进学员之间彼此了解，凝聚共同的使命、愿景和价值观，将新网师筑造为共同的精神家园，吸引、鼓励学员坚持学习。

以"未来教师"作为书名，既蕴含寓意，也饱含期望。"未来教师"不仅指时间意义上未来的教师，更是指一种理想型教师。他们既扎根现实又具有理想情怀，终身为探索理想教育而矢志不渝；他们是具有新教育理念的专业型教师，既不断探索教育真谛又密切关注时代潮流，有较强的元认知能力，善于自我管理，勤于主动反思。他们真正热爱学习，保持终身学习，对知识充满兴趣，对未知保持好奇，学习对他们而言是一种像呼吸一样自然的生活方式。他们善于合作，喜欢交流，能自觉融于学习共同体中汲取能量，省察自我，保持活力。

期望新网师学员和新教育教师成为"未来教师"的范例。

这本书是我继《给青年教师的40封信》《改变教育的十二个关键词》之后的第三本专著。能出版这三本书，全有赖于十多年在新教育实验这个大熔炉、大舞台中的淬炼、学习和实践。

能出版这三本书，首先要感谢我的恩师朱永新老师始终如一的鼓励、信任和指导，朱老师不仅是我学术上的导师，更是我精神和灵魂上的导师。感谢李镇西老师在百忙之中撰写了精彩的序言，不仅肯定了新网师的工作，而且给予热情鼓励，指明努力方向。感谢方娇艳、刘永辉、吴钊三位老师主动相助，在前期帮助我收集、整理和校对书稿，节省了我大量的时间和精力。感谢大象出版社编辑梁金蓝老师一直以来对我写作方面的肯定、鼓励和期望，没有她的支持，不可能有这本书的出版。感谢家人一如既往、无微不至地支持，让我没有柴米油盐琐碎家务的牵累，得以全身心投入学习和工作之中。

我从2018年受朱永新老师委托主持新网师工作以来，一直在思考，如何不辜负这份沉甸甸的信任，让新网师成为新教育实验的卓越品牌，乃至为中国的教师教育探索一种新的范式。这本书，也属于为之努力的一点行动成果。这些文章起初的阅读对象是新网师学员，所以有些内容读者可能比较生疏。在编排时又以主题分类而打乱原来的顺序，让文章之间的逻辑性不够严密。加之我个人才学所限，许多认识还比较粗浅，希望各位读者多多批评和指正。希望我将来能写出更好的文章，为新教育实验乃至为中国教育发一点光和热。

此时，人到中年的我正在苏州大学攻读博士学位，也希望以此书给即将高考和进入初中的两个孩子做一个榜样，期望他们未来不做"躺平"一族，而是做一个终身学习、奋斗不息的人。

2021年6月于苏州大学